Disciplina Montessori
para párvulos

La guía definitiva para criar a sus hijos con la disciplina positiva de Montessori, que incluye ejemplos de actividades que fomentan el pensamiento creativo

Tabla de contenidos

Introducción

María Montessori cambió para siempre la educación cuando reconoció que los niños, particularmente los niños pequeños, podrían hacerlo mejor con menos interferencia de los adultos. Ella presionó contra las normas de la época, sugiriendo una disciplina positiva, fomentando la creatividad y alentando la independencia desde una edad muy temprana. Ahora, puede tomar sus enseñanzas y llevarlas a su hogar. No es necesario que inscriba a su niño pequeño en una escuela Montessori para tener una ventaja inicial para su hijo. Aprenda lo que significa observar, desarrollar independencia y apoyar a su hijo a través de métodos de disciplina positiva.

A lo largo de este libro, exploraremos lo que los padres informan como exitosos y otros informan cómo no tan emocionantes. Hay una variedad de actividades en casi todos los capítulos y una explicación detallada de la rica historia y el desarrollo reflexivo de cada aspecto del entorno Montessori.

Aprenda lo que se necesita para comenzar y desarrollar las habilidades Montessori con su hijo. Todas sus preguntas sobre el uso del Método Montessori con niños pequeños serán respondidas aquí. Descubrirá actividades que puede hacer hoy e identificará oportunidades para ayudar a su hijo a participar y convertirse en una persona maravillosa.

Capítulo 1: La Historia de la Educación Montessori

Para la mayoría de los padres de párvulos, Montessori parece un concepto abstracto fuera de alcance sobre el que muchos maestros tienen opiniones muy firmes. María Montessori cambió la educación drásticamente, y cuando desarrolló esta forma particular de educación, surgieron muchas preguntas. El método Montessori desafía muchos sistemas y técnicas tradicionales, incluso los métodos utilizados en las escuelas de hoy.

Entonces, ¿cuál es la diferencia entre la educación Montessori y la educación estándar o tradicional? La médica italiana María Montessori desarrolló la educación Montessori. Es un enfoque de la educación centrado en el niño que utiliza la base del método científico. Requiere observación, hipótesis, experimentación y conclusiones. El método Montessori existe desde hace más de 100 años.

Con algo tan revolucionario, hay muchas preguntas, preocupaciones y conceptos erróneos. A lo largo de este libro, tendrá la oportunidad de comprender los tres componentes de la enseñanza Montessori, la disciplina Montessori, la base del método Montessori y más. Nos sumergimos en los diferentes elementos que aparecen comúnmente en las aulas Montessori de la primera infancia y en las formas en que los padres han adoptado el método Montessori en sus hogares.

Aquí hay una breve historia y una fácil introducción a Montessori y qué esperar al llevar las enseñanzas Montessori a su hogar.

Cómo María Montessori cambió la educación

Nacida el 31 de agosto de 1870, María Montessori rompió las barreras educativas a temprana edad. A los 13 años, ingresó a una escuela para varones y rápidamente se destacó en ciencias y matemáticas. Gran parte de la infancia de Montessori se ha convertido en leyenda. María Montessori es ampliamente conocida y reconocida como la primera mujer en graduarse en la escuela de medicina en Italia. Sin embargo, la primera mujer médica de Italia fue en realidad Dorotea Bucca. Montessori siguió poco después y no se inmutó por no convertirse en la primera mujer médica, ya que rápidamente identificó que el puesto no era para ella.

En 1896, cambió el curso de su carrera al regresar a la Universidad de Roma para aprender sobre psicología y filosofía y aplicar ese conocimiento a la enseñanza de los niños. Luego, trabajando como psiquiatra infantil, desarrolló su oficio y su comprensión del desarrollo infantil.

A lo largo de su vida, María Montessori trabajó como profesora de antropología en la Universidad de Roma. Abrió su propia escuela en Roma, escuelas en todo el mundo y cambió drásticamente la forma en que los educadores y psiquiatras trataban y trabajaban con los niños. Tuvo una vida llena de acontecimientos, y fue nominada para el Premio Nobel de la Paz tres años seguidos antes de su muerte. Estas nominaciones ocurrieron en 1949, 1950 y 1951. María Montessori murió en Holanda en 1952.

Breve Historia del Método de Educación Montessori

Cubrimos brevemente la historia de María Montessori como persona, pero el método de educación Montessori tiene una línea de tiempo mucho más intrincada. En los años previos a 1906, María Montessori utilizó su experiencia y educación como médica, psicóloga y filósofa para investigar y trabajar directamente con niños con discapacidades. Rápidamente identificó que las necesidades de los niños con discapacidades y las necesidades de los niños normales eran muy parecidas. Tampoco fueron reconocidos en la educación infantil tradicional. Entonces, en 1906, la Dra. Montessori abrió la Casa Dei Bambini o "Casa de los Niños".

El propósito de la Casa de los Niños era brindar educación a 60 niños desfavorecidos; todos eran italianos, todos carecían de privilegios y todos mostraron una respuesta asombrosa a los materiales proporcionados por la Casa de los Niños. La doctora Montessori utilizó métodos de observación científica e identificó que los niños no solo eran capaces de concentrarse profundamente, sino que a menudo entraban en estados de paz y calma en lugar de arrebatos y rabietas. Después de algunos años de observación, Montessori reconoció públicamente que cuando se le brinda el entorno adecuado, se puede descubrir y provocar la verdadera naturaleza de un niño. La doctora Montessori usó el término *normalización* para describir este cambio.

Durante los primeros años de la Casa de los Niños, Montessori simplemente observó. Se sentaba quieta y observaba cómo los niños jugaban e interactuaban juntos. Mientras observaba, vio dónde sobresalían diferentes niños y algunos luchaban. Con grupos de edades mayores de los que encontraría en una clase tradicional, los estudiantes mayores cuidaban a los más jóvenes. Los niños eran más propensos a volverse hacia un compañero mayor que a un adulto o un maestro. Reconoció que, a través del proceso de esa normalización, los niños eran más aptos para coordinarse y cooperar entre sí.

Después de muchos años de trabajar en Roma, Montessori se dirigió a los Estados Unidos. En 1913, Montessori, trabajando junto a Alexander Graham Bell y su esposa, fundó la primera Asociación Montessori de Estados Unidos. La Asociación Educativa Montessori sigue siendo la Autoridad Montessori principalmente reconocida en Estados Unidos. Montessori no se quedó en los Estados Unidos, pero volvió de visita en 1915 como parte de la Exposición Internacional de Panamá Pacífico. En esta exposición de 1915, ella dio a conocer la exhibición en el aula La Casa de Cristal. Estaba promoviendo la idea de que la observación y no ser reconocidos o vistos por los niños era la mejor manera de verlos prosperar en su hábitat natural.

Montessori siguió presionando por un cambio dentro de los sistemas educativos y la concienciación en todo el mundo. Ella estaba poniendo el foco de atención, no solo en todas las cosas que se hicieron mal en general, sino también en todas las formas en que las comunidades y los educadores podían cambiar la educación de una manera positiva para los niños.

En 1917, España invitó a María Montessori a abrir un instituto de investigación. El gobierno le pidió que dedicara tiempo a establecer un instituto donde los niños pudieran aprender el método Montessori. ese año Montessori agradecida y abrió el Instituto Español de Investigación. En 1919, se dirigió a Inglaterra. En Londres, organizó una serie de cursos para maestros en Londres, donde los educadores podrían recibir capacitación en psiquiatría infantil y el método Montessori. En 1922 el Reino Unido nombró a Montessori inspectora gubernamental de escuelas. En 1929, Montessori tuvo un nuevo éxito cuando abrió la Asociación Montessori International, o AMI.

Durante sus viajes y entre sus principales logros, Montessori fue bien conocida por regresar a su hogar en Italia. Desafortunadamente, María Montessori fue expulsada de Italia en 1934 por oponerse a Mussolini. Algunos también dicen que pasó el resto de su vida viajando por Europa y ocasionalmente visitando los Estados Unidos. Sin embargo, nunca podría regresar a Italia.

En 1938, se abrió el primer Centro de Capacitación Montessori en los Países Bajos, y en 1939 la India comenzó una serie de cursos de capacitación. El último gran hito de Montessori en la expansión de su educación del Imperio fue en 1949 cuando Londres finalmente abrió su primer Centro Montessori. Aunque Montessori fue bien recibida en el Reino Unido y había ocupado diferentes puestos dentro de la comunidad educativa, no había podido poner en marcha un Centro Montessori. Este logro final, la fundación del Centro Montessori en Londres, precedió poco tiempo a su primera nominación al Premio Nobel de la Paz.

Tras la muerte de María Montessori, hubo mucho escrutinio y cambios al nombre "Montessori". Mario Montessori, su hijo (y a menudo su colaborador), manejaría las bases de manera diferente que María Montessori. En última instancia, sin derechos de autor u otra protección, casi todos los países podrían abrir escuelas Montessori y cualquiera podría usar el término "Montessori".

A partir de 2020, había más de 20.000 escuelas Montessori a nivel internacional, A partir de 2020, había más de 20,000 escuelas Montessori a nivel internacional, y Estados Unidos albergaba 5000. Sin embargo, solo 1100 son reconocidas por la Asociación Educativa Montessori.

Tres Componentes del Método de Educación Montessori

Hay tres elementos vitales del método educativo Montessori. Como mencionamos, casi cualquier persona puede usar el nombre Montessori, pero si nota que falta alguno de los tres elementos Montessori, entonces no es verdadera educación *Montessori*. Estos elementos son el adulto, a menudo llamado director o maestro, el entorno y el equipo.

El adulto en su situación, probablemente el padre, tiene que prepararse antes de trabajar directamente con los niños. El adulto debe comprender lo que significa la orientación pasiva. Los adultos no deben ser enérgicos ni autoritarios, lo cual es un gran desafío para los padres. Los padres a menudo se enfrentan al desafío sin importar lo que hagan. Si no intervienen durante una pelea de bebés o cuando los niños tienen problemas, entonces alguien siempre tiene algo que decir. Si intervienen, alguien también tiene algo que decir. No existe una forma "correcta" de apaciguar a todos, y con el Método Montessori, los maestros y los padres eligen el enfoque menos contundente o autoritario. Por lo tanto, es usted quien modelará el comportamiento que desea que aprendan, como los buenos modales y la interacción pacífica. Los adultos en el círculo Montessori son más guías o mentores que dictadores.

Advertencia especial sobre el cambio de roles: la educación en el hogar o el uso de Montessori en el hogar significa que es más que un padre o un cuidador, pero recuerde tiempos pasados en los que este era el método. Nuestra separación entre la educación y la enseñanza es reciente y algo que puede superar. Puede amar, nutrir y crear un entorno de aprendizaje sustancial. También puede disciplinar y ayudar a su hijo a entender qué es y qué no es aceptable. Al principio, Es difícil, pero después de los primeros seis meses a un año, se vuelve mucho más fácil.

El entorno Montessori es un espacio preparado que fomenta la exploración y el compromiso. Este entorno invita a los infantes y a párvulos a tocar, hacer ruido, mover objetos y vivir activamente en su entorno. Idealmente, en el entorno Montessori, cualquier niño puede realizar cualquiera de sus actividades diarias de forma independiente o con una asistencia mínima. Por ejemplo, deben tener acceso a su ropa, juguetes, cama y otras áreas de su espacio vital. En otro capítulo, cubrimos exactamente cómo construir un ambiente Montessori positivo en su hogar. No es una réplica de lo que encontraría en un aula Montessori, pero puede ayudarle a promover la independencia y la exploración con su niño pequeño. Y el entorno Montessori debe, sobre todo, centrarse en la seguridad. Mediante el uso de muebles de tamaño apropiado y la eliminación de peligros comunes, su hijo puede sentirse seguro en el hogar. Usted también encontrará algo de alivio al no intentar apresurarse a cada momento porque algo se tambalea o está inseguro.

Inicialmente llamado equipo Montessori, este elemento se refiere específicamente a herramientas y materiales aprobados por Montessori. Debido a la protección limitada en el título Montessori, es posible que encuentre muchos juguetes y muebles que afirman estar en línea de las prácticas Montessori, pero que no forman parte del equipo Montessori. El equipo Montessori se refiere específicamente a los materiales sensoriales, es decir, los juguetes populares, tales como la Torre Rosa uno de los iconos de la metodología Montessori, la clasificación de osos, tubos de sonido, y algunas otras herramientas. María Montessori se refiere a estos juguetes como herramientas y materiales en lugar de juguetes. Notará que la mayoría de estos juguetes son de madera y la mayoría de ellos son de juego abierto o están diseñados para un juego ilimitado. Pueden tener un propósito previsto, como La Torre Rosa, que estaba destinada a apilarse. Sin embargo, no hay nada de malo en jugar con ella de muchas otras formas. En diferentes capítulos de este libro se hablará de herramientas que son específicas de esa actividad o sección de desarrollo

Historias de la Vida Real del Sistema y Componentes de Montessori

Las escuelas Montessori de todo el mundo han producido artistas, empresarios, músicos, ingenieros y líderes de renombre mundial en la industria de la tecnología. Muchas de estas personas exitosas dan crédito a su tiempo dedicado a la educación Montessori y enfatizan la importancia de la creatividad y la exploración. Cada una de estas personas ha prestado bastante atención al tiempo que pasaron bajo la educación al estilo Montessori, y algunas le han atribuido directamente el desarrollo temprano de sus intereses.

Famosas Historias de Éxito de Montessori

Will Wright creó Los Sims, una franquicia de juegos de gran éxito a través de los sellos Maxis y Electronic Arts. Wright dio una Charla TEDx que abordó directamente cómo la educación Montessori que tuvo cuando era niño lo inspiró a crear juegos mundo abierto que ofrece al jugador la posibilidad de moverse libremente por un mundo virtual y alterar cualquier elemento a su voluntad. Los Sims fue uno de los primeros de su tipo como un juego de "caja de arena" sin un objetivo final, que se centra cambio, se centra en lecciones de vida. Wright reconoce que la arquitectura y el diseño arquitectónico siempre le interesaron, y eso le ayudó al diseño de Los Sims. La charla TEDx versó sobre las comunidades de jugadores, una cantidad abrumadora de tiradores y juegos de historias guiadas. Es cierto que Wright no habló en contra de sus compañeros desarrolladores e ingenieros. En cambio, simplemente continuó desarrollando Los Sims.

Jeff Bezos se encuentra entre un pequeño círculo de empresarios que han llevado a una empresa a tales alturas de éxito. Sin embargo, se encuentra entre un círculo aún más pequeño de personas que tomaron una empresa de tres años de deuda acumulada y la llevaron al éxito que tiene Amazon hoy. Jeff Bezos, director ejecutivo y creador de Amazon no solo asistió y se benefició claramente de la educación Montessori, sino que también es un defensor de la comunidad. En 2018, Bezos anunció que usaría $ 2 mil millones para ayudar a las familias con dificultades y desarrollar una red preescolar accesible. Para septiembre de 2018, había cumplido la primera mitad de su promesa al invertir $ 1 mil millones en la apertura de nuevas escuelas inspiradas en Montessori en las áreas que más lo necesitaban.

Otras historias de éxito de Montessori incluyen a los fundadores de Google, Sergei Brin y Larry Page. De hecho, hay un número extraordinario de gente con educación Montessori en altas posiciones dentro de la industria tecnológica. Tanto es así que los medios de comunicación han comenzado a llamarla la "Mafia Montessori", y está claro que tiene algo de peso, ya que muchos están invirtiendo en promover o abrir centros preescolares inspirados en Montessori en todo el país.

Estas historias de éxito ofrecen solo una pizca de comprensión de lo que alguien puede lograr con el entorno y el desarrollo adecuados en una etapa temprana de la vida. María Montessori vio a los niños por lo que son: una oportunidad. Cada persona pequeña es una balón de oportunidades si solo podemos enfocarnos en sus intereses, curiosidad y desarrollar formas nuevas y fascinante de involucrar a ese niño. Con su apoyo, no solo como padre, sino como un líder humilde del Método Montessori, su hijo puede tener esa participación enriquecedora mientras aprende sobre el mundo que lo rodea

Capítulo 2: Principios y Actividades Montessori

Montessori se basa en un puñado de principios fundamentales que establecen las expectativas para diferentes actividades. Estas actividades se relacionan con diferentes principios que pueden ayudar al niño y al padre o al maestro. Al comprender la aplicación de los principios, los maestros y los padres pueden ejercitar su comprensión juntos. Entonces, ¿cuáles son los principios?

Los Principios Montessori son guías generales y, como con la mayoría de los otros elementos Montessori, ofrecen tanto orientación como confusión. Donde mucha gente pierde la noción del núcleo de Montessori es en los principios. Como ocurre con muchos textos rectores, estas doctrinas pueden tener diferentes interpretaciones, y algunas personas las llevan a extremos más grandes que otras. Siempre es mejor tener en cuenta que la propia Montessori pretendía que estos sirvieran al pie de la letra; una mentalidad de "lo que ve es lo que obtiene" suele ser mejor cuando se trabaja con esta filosofía. No hay necesidad de complicar demasiado, pensar demasiado o exagerar. Imagine que estos principios existen solo en su estado más simple.

Las actividades funcionan para apoyar esa idea. El concepto de que más simple es mejor resuena en todas las actividades y enfoques educativos Montessori. Cada principio, lo hemos explicado de la manera más transparente, pero también le proporcionamos una actividad correlativa y una explicación adaptativa para su aplicación con párvulos. La disciplina de los párvulos puede sentar las bases para el desarrollo de la primera infancia. Al comenzar el método Montessori en una etapa temprana de la vida, estos principios se pueden perfeccionar y utilizar al máximo cuando llegan a la edad de jardín de infantes.

Principio: "Formas del Maestro y del Niño" o El Principio del Respeto

Uno de los ocho principios del método Montessori es las formas y maneras de maestros del niño. A menudo, esto se reduce a la interacción de adultos y cuánta interacción es apropiada. Los maestros Montessori, o *verdaderos maestros Montessori*, deben tener una amplia capacitación y años de práctica sobre cómo guiar y promover la independencia sin dejar de ser maestros.

En pocas palabras, hay formas de hacer las cosas y hay formas en que los niños o los párvulos hacen las cosas, y son diferentes. No es una situación como a mi manera o nada y tampoco es la diferencia entre el bien y el mal. Es simplemente que este pequeño ser humano percibe el mundo sin las décadas de conocimiento que usted ha acumulado. También ven el mundo desde un ángulo físicamente diferente. Lo que parece apropiado o razonable para un niño pequeño o un niño puede parecer extravagante y frustrante para un adulto porque no solo tiene una comprensión más profunda de la forma en que funciona el mundo, sino que le resulta más fácil acceder al mundo.

El punto de este principio es que los adultos deben permitir que los niños luchen para que puedan aprender. Hay un punto en el que los adultos deberían intervenir antes de que se apodere la frustración. Con los párvulos, esto es frustrante para el adulto involucrado porque es posible que no sepan cuándo pedir ayuda o pueden estar tan inmerso en la construcción de la independencia que rechazan la ayuda o no la quieren.

Es posible ofrecer demasiada orientación y es posible que esté demasiado ausente. Este principio es un trabajo constante en progreso. Incluso los más expertos educadores Montessori tienen que volver a este principio constantemente a medida que su luz de guía.

Si hay algo que se puede aprender de este principio, es ver su interacción y orientación a través de la lección de Ricitos de oro y los tres osos. Al evaluar sus interacciones con su hijo, pregúntese ¿es demasiado? ¿Es muy poco? ¿O es lo justo? Por supuesto, debe cambiar su percepción de lo que usted cree que *es correcto* por lo que es correcto para su niñito.

Ejemplo

Un buen ejemplo de esto es un niño pequeño que aprende a vestirse. Muchos niñitos tienen opiniones firmes sobre su ropa y quieren independencia al vestirse. Algunos párvulos prefieren estar desnudos todo el tiempo. Es posible que odien la ropa o sientan que la ropa los limita o sepan que ponerse ropa significa salir de casa y no quieren hacerlo.

A otros párvulos les encanta vestirse. Podrían gustarles tanto que demanden múltiples cambios de vestuario durante todo el día. Pueden insistir en elegir lo que usan y negar con la cabeza a cada oferta de su armario o tocador hasta que alcancen el último artículo disponible.

Como ejemplo, usaremos a Emily. A la pequeña Emily le encanta vestirse. Le gusta elegir sus propios vestidos y encontrar diferentes accesorios como medias, diademas y moños. A Emily le encanta cambiarse de ropa durante el día y, a veces, tiene una rabieta que resulta en tres o cuatro cambios de vestuario. Es frustrante para sus padres y frustrante para Emily.

¿Cómo puede abordar este tema particularmente doloroso a través del principio Montessori de las formas de los niños y las formas de los adultos?

Primero, para nivelar el entorno, los padres involucrados deben darle a Emily acceso a su ropa y accesorios. Puede provocar más desorden, pero también puede promover la independencia, y es posible que elija lo que quiera usar la primera vez que se vista en lugar de cambiarse de ropa con tanta frecuencia.

En segundo lugar, a diferencia de los conjuntos que involucran pantalones completos, los vestidos son fáciles de manejar incluso con manos pequeñas. Cuando Emily quiere vestirse por la mañana, sus padres pueden darle el vestido que quiere y pedirle que lo haga ella misma. Emily tendrá dificultades al principio y es posible que necesite orientación para meter la cabeza en el agujero correcto o deslizar los brazos hacia arriba, pero esta es una habilidad que los párvulos pueden aprender rápidamente.

En tercer lugar, mantenga la coherencia al pedirle a Emily que se vista ella misma y observe cómo intenta diferentes formas. Si la verdadera frustración se apodera de donde Emily preferiría no vestirse, entonces el adulto debe intervenir y brindar más orientación.

Ahora, Emily puede que no se vista como la visten sus padres. Es posible que coloque los brazos primero y luego se pase el vestido por la cabeza. Es posible que coloque la cabeza primero y luego coloque los brazos en su lugar. Emily podría ponerse el vestido de arriba hacia abajo y subirlo hasta que le quede bien.

Volviendo a este principio clave, Emily está haciendo lo que tiene sentido y es más accesible para ella. Puede encontrar sus procesos a medida que crece y pasa más tiempo vistiéndose. Hay formas propias de los niños y hay formas de los adultos; ninguna es intrínsecamente incorrecta.

Actividad

La forma de vestirse es solo un ejemplo, pero veamos las actividades de apilamiento. Tome bloques de diferentes tamaños y formas y colóquelos frente a su niño pequeño.

La mayoría de los adultos saben que para crear algún tipo de estructura estable, usaría los bloques más grandes en la parte inferior, los bloques medianos en el medio y los bloques más pequeños en la parte superior.

Le aseguramos que, al menos en la primera prueba, su niño no seguirá esa receta para una estructura resistente. Puede crear una línea de bloques que no tiendan a ir hacia arriba. Un niño pequeño puede poner los bloques más pequeños en la parte inferior y luego colocar los bloques más grandes en la parte superior. Incluso puede usar los bloques más pequeños y crear una sola torre que vaya hacia arriba.

Utilice esta actividad como una oportunidad de observación. Más adelante, profundizaremos en la observación y en cómo hacerlo correctamente. Esta actividad también es una excelente manera de ejercitar su paciencia y lidiar con las frustraciones cuando su hijo no está haciendo algo como usted espera que lo haga o cómo usted sabe que produce un mejor resultado. Deje que su hijo juegue con los bloques y sepa que está ejercitando su forma de hacer las cosas a medida que realiza esta actividad.

Puede ofrecerle más orientación, como sugerirle que construya un castillo o una torre de bloques que se eleve hacia arriba. Esta guía puede ayudarlo a ver las diferentes formas en que se abordan estos proyectos.

Principio: Orden en el Medio Ambiente y en la Mente

El medio ambiente es un factor importante en el método y la educación Montessori. Sin embargo, la persona que posiblemente lo dijo mejor no es ni un defensor de Montessori ni un maestro veterano. Rubén, una estrella en ascenso en el desarrollo personal y la exploración de la felicidad, dijo la frase "Orden exterior, calma interior".

El orden exterior y la calma interior son tan ciertas para los párvulos como para los adultos. Cuando el entorno es consistente, estático, predecible y en orden, elimina el estrés mental de cualquier situación que suceda en ese entorno. El entorno de su niño pequeño debe ser tranquilo y ordenado. Los párvulos disfrutan de áreas espaciosas donde pueden moverse, pero también hay un factor decepcionante. Si ha ido a un aula Montessori, es posible que haya notado el enfoque minimalista para exhibir juguetes y actividades.

Afortunadamente, este principio es tal que tendrá que volver a él una y otra vez. En un capítulo posterior, explicamos lo que debe esperar y establecer para su hijo en un entorno compatible con Montessori. Una vez que estos cambios se ponen en su lugar, simplemente tiene que mantenerlos. Es posible que ocasionalmente tenga la necesidad de cambiar o mover las cosas, pero una vez que se establece el orden, solo tiene que recoger y devolver las cosas a su lugar.

Ahora bien, la mayoría de los padres luchan por mantener ordenadas las áreas de vida en general, y después del tornado de desorden que deja un niño pequeño puede hacer que la limpieza parezca un sueño imposible. En nuestro ejemplo y la actividad proporcionada para este principio, analizaremos exactamente cómo se aplica este principio a usted y a su niño pequeño. Usted no es un servicio de limpieza consistente en una sola persona que recoge después de cada desastre que crea su niñito.

Este principio sienta las bases para una relación respetuosa entre el adulto y el niño. Recuerde, mantenga el orden en el medio ambiente y en la mente.

Ejemplo

No es necesario mirar demasiado lejos para encontrar un ejemplo de cómo un niño pequeño puede desordenar un ambiente. Muchos padres luchan con este principio en particular porque parece que los coloca a ellos y a sus hijos en lados opuestos. Le aseguramos que no se trata de usted contra su hijo.

Veamos un ejemplo que debería resultarle muy familiar a cualquier padre. El área de juegos de un niño pequeño se está convirtiendo en un desastre; no importa si su área de juego es principalmente una sala de estar, una guardería, una sala de juegos o el dormitorio del niño pequeño. A Deshawna le encanta jugar a fingir, y sacará todos los peluches y muñecos para crear fiestas elaboradas. Estas fiestas pueden incluir disfraces, comida falsa, comida real, juegos de té, proyecciones de películas e incluso un caos generalizado. Al final del día, hay innumerables peluches y muñecos esparcidos por la habitación. Además, todos los juguetes u objetos del día a día que fueron arrastrados para que también formen parte del juego de simulación.

Si su respuesta a Deshawna son arrebatos de frustración, no sería el primer padre en perder los estribos frente semejante lío. Si su respuesta a Deshawna es recogerlos usted mismo para no tener que lidiar con la discusión, no sería el primer padre en elegir el enfoque pasivo. Cuando los padres se enfrentan a un nivel de desastre 10, pueden experimentar frustración, ira, tirarse al suelo llorando, o renunciar completamente y dejar que el desorden exista hasta que le puedan hacer frente mentalmente.

Actividad

Un momento, ¿hay actividades que puedan ayudar?

No se entusiasme demasiado; esto es más un enfoque de Mary Poppins (menos la magia). Hay herramientas Montessori que involucran a los niños en el proceso de limpieza y les enseñan habilidades para la vida para limpiar lo que ensucian.

Mary Poppins es la que afirmó que cada trabajo es un juego, pero la línea icónica de "Bien comenzado está a medio hacer", proviene directamente de Aristóteles. Puede tomar ambos elementos e implementarlos en su limpieza diaria. Involucre a su niño pequeño en cada paso de la limpieza. No solo le está presentando la idea de que todos tenemos que recoger lo que esparcimos nosotros mismos, sino que les está mostrando lo que hace que contribuya a un medio ambiente limpio. Es posible que su niño pequeño al principio no se prenda. Este es un momento en el que los padres Montessori tienden a combinar enfoques de autoridad y de modelos.

No es necesario que obligue a su hijo a limpiar. Pero podría ponerse firme cuando se trata de romper otro juguete o comenzar un nuevo desastre antes de que el ambiente esté listo. Puede decirle a su hijo que hasta que no guarde los bloques, la habitación no estará lista para jugar. La fraseología que use en las actividades de limpieza es importante. Cuando esté limpiando un área e intenta involucrar a su niño pequeño, o al menos que lo observe pacientemente mientras limpia, pruebe con estas frases:

- "Podemos jugar con _____ más rápido si ayudaste a limpiar".
- "Limpiamos para recuperar todo este espacio".
- "Después de cada lío, tenemos que limpiar".
- "Me siento mucho mejor cuando terminamos de limpiar, pero no me siento bien cuando nuestra habitación no está limpia".

Para algunos padres, ese lenguaje puede sonar un poco complaciente, pero es importante usar "nosotros" y "nuestro" en lugar de tú y yo. Los pequeños cambios como este en el lenguaje pueden incluso seguirle a conversaciones adultas. La mayoría de las peleas y discusiones giran en torno a un lenguaje centrado en usted. El uso de un lenguaje compartido ofrece cierto grado de respeto mutuo.

Está reconociendo que este es su espacio, pero también es un espacio para tu niño pequeño. Es donde viven y donde deben contribuir a la limpieza.

Las herramientas Montessori que abordan este principio son versiones realmente reducidas de las herramientas de limpieza para adultos. Las escobas de tamaño para párvulos son relativamente fáciles de encontrar, y puede cambiar paños de cocina por paños para lavar o cortar una toalla de papel por la mitad.

Cuando se dispone de las herramientas adecuadas, la mayoría de los adultos descubren que no necesitan limpiar solos durante mucho tiempo. Cuando enfatiza los beneficios de un área limpia, los párvulos captan el comportamiento que usted modela. Cuando modele la limpieza, especialmente con una actitud decente, es probable que intervengan para ayudar a hacer el trabajo más rápido.

Principios Restantes

Los principios restantes corresponden en gran medida a los dos primeros grandes conceptos que cubrimos, pero se centran en elementos específicos de aprendizaje y desarrollo. Una vez que tenga establecido los dos primeros grandes principios, los otros principios serán mucho más fáciles y pueden ofrecer aún más beneficios para el niño y la relación entre padres e hijos.

Principio: Movimiento y Conocimiento

El movimiento y el conocimiento son más reconocibles como normalización. En el capítulo uno, hicimos referencia a la normalización como el término de Montessori para los niños que se comportan en su estado natural. El principio es que el movimiento y el conocimiento deben ocurrir en tándem y que al presentar actividades que involucran tanto movimiento como conocimiento, el niño aprenda mejor.

El ejemplo más común de este es el tiempo de juego independiente. Cuando a los niños se les permite jugar de forma independiente con cualquier juguete que les llame la atención, puede verlos participar en diferentes actitudes del movimiento y ver que están pensando a través del proceso científico. Aunque pueda parecer que solo están apilando bloques o esparciendo cuentas, también están pensando ... *¿Por qué esto funciona de esta manera? ¿Qué pasa si lo hago de manera diferente? ¿Como funciona esto?*

Una excelente actividad para promover el movimiento y el conocimiento es el enhebrado de cuentas. Otra gran actividad para el movimiento y el conocimiento es clasificar. Proporcione a su hijo algunos elementos diferentes para que los clasifique por color o tipo y observe cómo los separa cuidadosamente y los clasifica en diferentes grupos.

Principio: Elección

La elección es un principio fundamental en la enseñanza Montessori y aborda tanto el respeto por el niño como los períodos sensibles. En un ejemplo anterior, notamos la elección de vestirse y usar lo que el niño quería. Este es un ejemplo sobresaliente de este principio, ya que los niños a menudo se sienten de manera diferente acerca de las actividades o las rutinas diarias cuando tienen una opción al respecto.

Puede implementar la elección en casi cualquier parte de su día. Pero, para empezar, elija una actividad eligiendo entre dos elementos. Puede usar esto una y otra vez durante el día. Comience su día preguntándose si el niño quiere usar la camisa roja o la camisa azul. Luego, cuando sea la hora del baño, pregúntele si les gustaría la toalla blanca o la marrón. Incluso puede llevar esto a la comida ¿Su hijo prefiere manzanas o uvas? Quizás prefiera sentarse en su trona que en su pequeña mesa. Con la actividad de presentar juguetes, comience con solo dos opciones. Los párvulos están aprendiendo mucho y se abruman fácilmente con las opciones. Al presentarle cuatro o cinco camisetas diferentes o tener *cualquier cosa* en el refrigerador como opción, pueden experimentar la parálisis de la elección.

Principio: Mente Absorbente

La mente absorbente se basa en gran medida en que los niños aprendan a través de la experiencia y, al aprender a través de la experiencia, desarrollan la capacidad de actuar en su nombre, independencia y confianza. Esto se relaciona en gran parte con el primer principio. Sin embargo, toma un ángulo diferente sobre la independencia y el aprendizaje.

En lugar de reconocer la forma de los adultos y la forma de los niños, se trata más bien de la restricción de los adultos. Controle las ganas de decir que no o de acelerar un proceso porque algo está tardando demasiado. La actividad aquí es más para el adulto. Intente llevar consigo un pequeño cuaderno o incluso use un contador de conteo en su teléfono. Luego, marque un conteo cada vez que sintió la necesidad de intervenir en lo que estaba haciendo su hijo. Puede hacer un esfuerzo adicional y tomar notas sobre por qué la interjección no fue necesaria, pero recibirá el mensaje claro y rotundo al final del día cuando tenga una página llena de marcas de conteo.

Capítulo 3: Cambiando Su Percepción

Antes de que podamos sumergirnos directamente en la implementación de métodos y actividades Montessori, debemos reevaluar nuestra percepción. Los adolescentes a menudo se quejan de que los adultos se han olvidado de lo que era ser un adolescente, pero los párvulos ni siquiera tienen las habilidades de comunicación o la percepción para explicar eso. No sabemos cómo era vivir como un niño pequeño; la mayoría de nosotros lo hemos olvidado. Y la mayoría de nosotros sentimos poca empatía por cómo los niños y los párvulos ven su mundo y cómo los impacta nuestra percepción hacia la educación y el aprendizaje.

El método Montessori disipa en gran medida la noción de castigo, la restricción de la libertad y los roles tradicionales de un cuidador. Muchos padres desearían poder dejar de lado la idea del castigo; Montessori también pide una disminución drástica en el estímulo. Es un desafío, no importa cómo se mire. Es un desafío cambiar su lente sobre cómo ve a su hijo y las expectativas que establece. Sin embargo, la recompensa puede ser enorme. Si no elogia y evita la disciplina, podrá observar y apreciar la curiosidad y el desarrollo naturales de su hijo. Este puede ser uno de los capítulos más difíciles, y es posible que deba volver a él una y otra vez porque cambiar nuestra percepción como padres y adultos no es fácil.

Visión Rápida del Desarrollo del Cerebro de 1 a 3 Años

La mayoría de los padres han experimentado un largo camino durante el embarazo y la infancia y saben que, hasta cierto punto, lo que hacen afecta a su hijo. El desarrollo infantil es muy maleable, y como padres lo sabemos, pero, aun así, somos solo humanos. Entonces, ¿qué experimentan los párvulos entre las edades de uno y tres años con respecto al desarrollo del cerebro?

Es posible que el desarrollo del cerebro esté en su punto máximo durante la infancia. Los párvulos entienden y recuerdan formas, tamaños, colores, rutinas, números, canciones, animales y más. Están tomando toda la exploración sensorial desde la infancia y la están poniendo en práctica. Las experiencias positivas y negativas afectarán directamente el desarrollo del cerebro. Estas experiencias les afectarán tanto como una nutrición adecuada. Cuando un niño llega a los seis años, su cerebro ha ganado alrededor de dos kilos de peso y ha desarrollado entre el 75 y el 90 por ciento del peso total del cerebro adulto. Sus cerebros desarrollan alrededor de 700 nuevas conexiones neuronales por minuto. ¡Eso es increíble!

Sin embargo, gran parte del cerebro del niño todavía se está desarrollando. La corteza prefrontal no está lo suficientemente desarrollada para que alguien de esa edad pueda tomar decisiones razonables o basadas en la lógica. Además, el sistema límbico sigue funcionando. El sistema límbico es la parte del cerebro que opera en su estado más básico. El hambre, el sueño y más son lo que proviene del sistema límbico, y debido a su centro de procesamiento irracional, es fácil para el niño pequeño "perder el control" rápidamente, especialmente por la comida, el sueño o el deseo de hacer algo "a su" manera.

Los párvulos se encuentran en la etapa dos del desarrollo del cerebro, donde están trabajando en el razonamiento, la percepción, el apego, la comprensión emocional, la memoria de trabajo y las experiencias de vida.

Comprender la Perspectiva de Vida de un Niño

Literalmente, toda su perspectiva es diferente. Mientras hace cola en la tienda de comestibles, ve la parte de atrás de la cabeza de la persona que está frente a usted. Su hijo ve los bolsillos de esa persona, tal vez la parte inferior del transportador, y ese atractivo estante de dulces.

Los niños suelen medir entre un metro y 1,22 metros, menos que los adultos estándar, con manos más pequeñas, pasos más pequeños y, en gran medida, esperamos que simplemente vivan en nuestro mundo. Como adultos, nos irrita cuando tardan demasiado en abordar una tarea sencilla. Caminamos a un ritmo típico y no estamos intrínsecamente asombrados de que estos pequeños seres humanos puedan mantener el ritmo con bastante frecuencia. También existe la frustración de que están tan interesados en lo que estamos haciendo que se interpongan en nuestra actividad y simplemente no puedan tener la misma experiencia. No pueden usar cuchillos, subir escaleras, saltar en lo profundo sin protección y más. Pero, como adultos y como personas, somos propensos a no tener fácil acceso a diferentes perspectivas. Tenemos que tomar medidas de vez en cuando, decididos a sumergirnos en la perspectiva del niño. Mucho de esto se puede lograr jugando con su hijo y observándolo.

No solo ven las cosas de manera diferente, sino que las piensan de manera diferente. No tienen el conocimiento que tiene usted, ni su altura, ni las habilidades táctiles para los intrincados movimientos de los dedos que tienes. Entonces, cuando podamos ver el mundo a través de la lente de un niño, tome ese momento y mírelo o juegue

Algunas Cosas Específicas Que Impactan Directamente a Su Hijo

Hay cosas que escuchamos y experimentamos de niños que ahora estamos usando en nuestra práctica como padres. María Montessori tuvo un impacto revolucionario debido a cómo rompió con los métodos tradicionales de interactuar con niños de todas las edades. Aquí hay algunas cosas que a menudo provienen de la perspectiva de los padres que no tienen en cuenta la perspectiva del niño. Algunas de estas parecen innatas, cosas que hacemos de forma natural y nos sentimos naturales como adultos. Otras son algo que podemos haber dejado escapar. De cualquier manera, estas son algunas de las situaciones más comunes que pueden afectar la percepción del niño del mundo que lo rodea, y cambiar estos comportamientos podría ayudarlo a comprender la percepción de la vida del niño.

"Buena Chica / Chico / Ellos / Persona"

Decirle a un niño que es bueno no es inherentemente malo. Sin embargo, usar la frase con moderación o solo cuando parece que hacen lo que usted quiere, podría estar causándole daño. Si les pide que tomen asiento para comer y reconoce que son una buena niña o un buen niño, la obediencia se relaciona con el buen comportamiento. Para muchos padres, eso es perfectamente aceptable, y la mayoría de los padres se esfuerzan por que sus hijos los escuchen. Hacer que un hijo lo escuche como padre puede ser una cuestión de seguridad. Si su hijo se lanza hacia la calle y usted dice *detente*, y se detuvo, podría haberle salvado la vida. Sin embargo, surge la pregunta de cuán obediente quiere que sea su hijo con otros adultos. ¿Quiere que un adulto que no conoce le diga a su hijo que es una buena chica o un buen chico y que tenga un comportamiento inapropiado o inaceptable o tal vez simplemente no esté en línea con su educación? Probablemente no.

Hay otro problema con los términos de buena chica y buen chico. Yendo más allá de la obediencia y escuchando ciegamente, está la cuestión del factor no dicho de esta frase. Si son buenos, a veces significa que también son malos.

Si dice "buena niña" cuando su hija está obedeciendo, significa que no es buena cuando no está obedeciendo. Sin embargo, un niño que explora algo o que tiene una curiosidad que no se ajusta a las normas sociales no se está comportando mal. Está haciendo lo que se supone que debe hacer su cerebro a esa edad. Su cerebro se está expandiendo y desarrollándose rápidamente durante estos tres a cinco años, y la exploración y la curiosidad son los elementos impulsores de ese desarrollo.

"Eso Es Peligroso": Cuando En Realidad No lo es

La mayoría de los padres probablemente sean propensos a decir esto, y es posible que ni siquiera se den cuenta de cómo está afectando la percepción de sus hijos del mundo que los rodea. A menudo decimos que algo es peligroso cuando quizás en realidad no lo es. Tocar una placa caliente producirá una quemadura, pero no producirá una de segundo grado o de tercer grado. Igual que cuando un niño toma un par de tijeras que pueden volverse peligrosas, pero la reacción general de saltar y arrancar las tijeras de la mano del niño puede causar más daño que simplemente pedirle que deje las tijeras. Si no lo escuchan y responden adecuadamente a las solicitudes, como dejar objetos afilados o pedirles amablemente que se lo entreguen, cambie de dirección y póngase un poco más firme.

A menudo, respondemos que algo es peligroso cuando tal vez solo causaría un daño o malestar muy leve, y generalmente es porque simplemente no queremos que hagan lo que están haciendo. No queremos que los niños toquen la puerta del horno, aunque la puerta del horno no se caliente tanto. No queremos que caminen por el borde de la acera porque sentimos inherentemente que el siguiente paso es salir de la acera. Los estamos regañando ahora en lugar de retenerlos cuando realmente hacen algo peligroso. Esto viene de buenas intenciones. Vemos los posibles peligros por delante, pero nuestros hijos viven en el momento presente. A los párvulos no les preocupan las consecuencias de pasar del borde de la acera a pisar la carretera porque lo único que les preocupa es caminar por el borde de la acera.

Uno de los mejores métodos Montessori que viene con el manejo de actividades posiblemente peligrosas o algo que podría causar molestias es la redirección. La redirección permite al adulto ponerse en la situación reconocer el comportamiento del niño y luego llamar su atención hacia otra cosa. Está extorsionando en la medida en que están inmersos los párvulos en este momento. Veamos el ejemplo de la acera. Usted está caminando para revisar el correo cuando su niño pequeño sigue dirigiéndose hacia el borde de la acera y se está poniendo un poco nervioso. Es posible que haya reconocido lo divertido que es caminar por el borde, pero luego le llama la atención sobre las flores que crecen en el borde de la propiedad de su vecino o lo emocionante que es acercarse cada vez más al buzón. Puede dejar que sostenga la llave del correo o preguntarle si les gustaría llevar el correo de regreso a casa.

Si no suenan atractivos o si son demasiado progresistas para su niño en este momento, simplemente puede redirigir su atención a los elementos de la naturaleza o su entorno inmediato. Puede decir, "Guau, mira el pájaro" o incluso "Oye, la acera es gris, ¿viste eso?".

Berrinches

Las rabietas y los párvulos van de la mano como guisantes y zanahorias, queso y hamburguesas, patatas y salsa. Simplemente no puede separarlos. Algunos niños son más propensos a las rabietas y algunos son más rebeldes o de voluntad más fuerte. Sin embargo, algunos niños rara vez tienen rabietas o son tranquilos, por lo que las rabietas son rápidas y desaparecen con la misma rapidez.

Cubrir las rabietas también está en el elemento de disciplina, que trataremos en un capítulo posterior. Sin embargo, reconocer las rabietas en cuanto a la percepción del niño significa mirar las cosas desde un ángulo diferente. ¿Por qué su hijo tiene un berrinche? ¿Porque no se salió con la suya? ¿Usted no se siente frustrado cuando no llega a su camino? ¿No hemos visto todos varios videos virales de adultos actuando como párvulos porque no obtuvieron lo que querían?

Los niños no solo hacen berrinches porque no se salen con la suya. Muchas rabietas de párvulos ocurren porque están comunicando necesidades básicas. En sus cerebros, la corteza prefrontal, el centro de decisiones, todavía está en construcción. El comportamiento y los deseos de su hijo están controlados en gran medida por su sistema límbico. Ese sistema límbico logra controlar las necesidades humanas básicas. La comida, el agua, el refugio y la seguridad son los cuatro problemas principales de la vida cotidiana que maneja el sistema límbico. Entonces, si esta es la regla principal del cerebro del niño pequeño, entonces es más probable que su niño tenga una rabieta porque uno de estos cuatro elementos no se cumple. Puede tener hambre, sed, querer entrar o salir o en ese momento sentirse inseguro.

Hay algunas formas diferentes de manejar las rabietas, y algunas se tratarán en la sección de disciplina, pero vale la pena mencionarlas en el capítulo de la *percepción del niño.* La primera es repetir lo que el niño está haciendo o diciendo. Algunos padres han optado por usar la cámara frontal de sus teléfonos para mostrarles a sus hijos cómo se ven en el modo de rabieta. Al recrear, imitar o mostrar directamente a su niño pequeño cómo se ve en medio de un berrinche, incluso su niño pequeño puede entender que esta comunicación no es efectiva. Puede llevar un tiempo, pero repetir lo que están diciendo puede ayudarle a llamar la atención sobre la interrupción de la comunicación.

Por ejemplo, Don estaba jugando tranquilamente con sus autos, y de repente su mundo se detuvo. La mamá de Don no entendía lo que estaba pasando, pero reconoció que comenzó a tirar sus juguetes por la habitación y a gritar a todo pulmón. Fue una rabieta en toda la regla y la madre no tiene idea de por qué comenzó o cómo hacer para que se detuviera después de unos minutos de devolverle los autos al niño pequeño, ofrecerle una taza para sorber e intentar negociar. Pierde la calma, señala con el dedo al niño pequeño y dice: "Ya es suficiente. Tienes que calmarte". ¿Le suena familiar? Es una respuesta bastante estándar para un adulto que tiene que manejar varios rabietas de párvulos por día que pueden durar entre 20 segundos y 45 minutos o más. En algún momento, nos volvemos menos empáticos con su percepción, especialmente en situaciones tan emocionales como una rabieta.

¿Cuáles son los trucos para manejar un berrinche? El que mencionamos anteriormente no proviene del método Montessori, sino de Portarse Bien de Uno a Cuatro Años. Al repetir exactamente lo que el niño está diciendo, notará que el niño comenzará a imitarlo a usted y una situación clásica del Pato Lucas y El Conejo Castañuelas "Sí - no - sí - no (cambio) no - sí". O su hijo comenzará a usar palabras diferentes, claramente frustrado porque usted no entiende o porque no está diciendo lo que cree que está diciendo.

Ahora, si repetir lo que dice su hijo no funciona para reducir la rabieta, porque nada es un enfoque infalible con los párvulos, puede intentar ignorarlo. En lugar de decirle al niño que necesita recuperarse y calmarse, simplemente reconoce que usted tampoco se siente bien, así que le dará un momento para que se sienta mejor y volverá cuando usted se sienta mejor.

Su Papel Como Padre, Cuidador y Maestro Montessori

Montessori cambia drásticamente lo que consideramos prácticas de educación "normales". Hay un millón de formas diferentes de criar hijos, y la mayoría son aceptables. Pero el enfoque Montessori es más enriquecedor que una táctica directa. Puede seguir siendo padre y no solo maestro. Es probable que descubra que después de algunos ajustes, puede disfrutar aún más el tiempo que pasa con su hijo aplicando la percepción Montessori cuando trabaja como padre.

La mayoría de los padres luchan con la adaptación de disminuir su nivel de disciplina y reducir su nivel de elogio. Se desaconseja alabar y hay un razonamiento sólido detrás de ese enfoque. El problema es que desea que el niño explore sus intereses, no solo los intereses por los que lo elogia. Y la disminución de la disciplina no es necesaria para dejarlos criar en libertad, sino para comprender mejor las consecuencias naturales y que las consecuencias naturales existen en el mundo.

Como padre, uno de los elementos más desafiantes es equilibrar nuestros roles. Podemos ser cónyuge, cuidador, maestro, madre, padre o progenitor en alguna otra competencia. Luego está el elemento de negligencia personal, donde la mayoría de los padres reconocen que simplemente no tienen tiempo para relajarse o sentarse y mirar o leer algo que les interesa. Para abordar esto suavemente, al mismo tiempo que repasamos el método Montessori, ofrecemos esto: como padre, ya es maestro.

La idea de que usted y otra persona desconocida son necesarios para enseñarle a su hijo no es exactamente acertada. Ahora bien, otros adultos tendrán muchas cosas que enseñar a sus hijos, y su hijo, sin duda, aprenderá mucho de sus compañeros. Probablemente tendrá que depender de otros adultos para cubrir algunos temas que tal vez usted no conozca o en los que no tenga experiencia. Sin embargo, siempre puede enseñarle a su hijo y, simplemente haciendo y existiendo, su hijo está aprendiendo constantemente de usted.

Capítulo 4: Observando a Su Hijo

Al principio de la vida, pasamos horas simplemente mirando a nuestros bebés. Sin embargo, cuando llegan a la edad de párvulos, comenzamos a distanciarnos y nos volvemos menos observadores. Hay términos como "seguir al niño" y "libertad" o "dirigir" que a menudo se malinterpretan en Montessori. Entonces, ¿qué significan estos términos y cómo puede comenzar a observar a su hijo? Este capítulo cubrirá todo lo que necesita para superar los desafíos de comprender a su hijo y cómo saber cuándo emplear estos métodos.

Al igual que con la mayoría de los términos Montessori, los que están involucrados en la observación requieren un poco de burla. Comenzaremos con los términos, cubriremos los procesos y luego nos sumergiremos directamente en las instrucciones de cómo observar a su hijo con la lente Montessori.

El Manual de Instrucciones Con el Que Sueña Todo Progenitor

¿A cuántos padres ha escuchado decir algo como: "Ojalá los niños vinieran con manuales"? Sin duda, muchos más padres han pensado en esto y no lo expresaron verbalmente. La observación es lo que busca el manual de instrucciones. Al observar de cerca a su hijo en diferentes momentos del día, no solo notará lo que despertó su interés, sino también hacia lo que tienden a gravitar y lo que tienden a repeler.

La observación es difícil para los padres. Somos parciales y propensos a pensar que nuestro hijo es simplemente lo más fascinante, o estamos tan abrumados con todas las demás demandas de la educación de los hijos que no podemos apreciar esos momentos que deberíamos estar observando. Afortunadamente, puede planificar momentos de observación o realizar su observación cuando tenga unos momentos para sentarse y simplemente observar a su hijo. No nos referimos a mirar en el sentido de cuidar niños y asegurarnos de que no hagan travesuras. Pronto verá exactamente lo que queremos decir con mirar y observar.

Resolvamos Estos Términos Confusos

Seguir al niño: la idea errónea es que esto significa que usted simplemente lo sigue hasta donde sea que vaya el niño. Seguir al niño en realidad aborda un concepto más amplio. Significa establecer un espacio apropiado para el desarrollo y que ofrece una variedad de intereses. A menudo, no es necesario seguir físicamente al niño pequeño, sino realizar un seguimiento visual de cómo progresaron en la habitación y qué captan más su interés o atención.

Libertad: el uso de la palabra libertad es posiblemente el término más incomprendido en todas las prácticas Montessori. La idea que presentó María Montessori *fue la libertad con límites*. Esos límites se establecen desde el punto de vista ambiental, de modo que las actividades a menudo peligrosas o cuestionables simplemente no están disponibles. Por supuesto, siempre hay un límite en lo que los niños pueden o deben hacer.

Ejemplo: a Tim le gusta escalar. En el patio de recreo y afuera, eso está bien. Sin embargo, durante un período de observación, el padre de Tim lo vio subirse a su pequeña mesa de juego. El papá de Tim estaba observando, pero sabía que tenía que intervenir porque la mesa de juego ciertamente no era lo suficientemente resistente para sostener el peso del niño de tres años por mucho tiempo. El padre de Tim intervino y les ofreció que pudieran jugar afuera, donde Tim podría trepar. La libertad de Timmy no se vio comprometida; su seguridad estaba protegida. Al trasladar el tiempo de juego al exterior, donde Tim podía trepar, seguía ejerciendo su libertad y desarrollando sus habilidades motoras en un entorno apropiado. Eso es libertad con límites.

Liderar: hay pros y contras de liderar con Montessori. Idealmente, el niño liderará tanto como sea posible. Cuando el adulto lidera, se pierde gran parte de la independencia y la experimentación. Durante los tiempos de observación, el liderazgo debe ser mínimo, y la intervención solo debe ocurrir cuando la seguridad del niño esté en riesgo, o cuando esté violando claramente las reglas predefinidas. Las reglas como "solo tocar bien" y similares no son negociables solo porque el niño está liderando.

Entender los Esquemas y Estados de Ánimo Sensibles

Estos son los momentos en los que su hijo está inamoviblemente interesado o comprometido en lo que está haciendo. Los esquemas, o estados de ánimo sensibles, pueden ocurrir en cualquier momento, incluso cuando no necesariamente están jugando con sus juguetes. Un niño pequeño puede involucrarse incesantemente con sus uñas, o muy interesado en las puntas de uno de sus tenedores.

Ahora, estos estados de ánimo se manifiestan de la forma en que lo haría una musa creativa. No son predecibles y, por lo general, no tienen ningún tipo de horario. Por lo tanto, es posible que no siempre capture a un niño pequeño o un niño pequeño en el momento de un esquema o estado de ánimo sensible durante su observación. Eso está bien, pero tenga en cuenta que si ve a su hijo de un humor sensible, puede ser el momento de comenzar la observación.

Lo que usted está buscando para determinar si su hijo está en medio de un esquema es el enfoque intenso. A menudo, los párvulos no pueden concentrarse de forma innata en una cosa durante largos períodos. Entonces, si ve que eso sucede, no es un caso común y es una gran oportunidad para descubrir qué es lo que atrae a su hijo y preguntarse por qué está atrayendo tanto su atención.

Ocho Etapas De Observación

Si no está observando, no tiene un punto de partida. No sabe dónde está afectando al niño porque no sabe dónde está la línea de partida, y ese es un error crítico para cualquiera que use el Método Montessori.

Usted sabe dónde y cómo iniciar una actividad o interacción que impacte al niño y si es positiva o negativa para ese niño. Estas ocho etapas de observación se componen de los puntos clave para observar y seguir a los niños, y pueden afectar drásticamente la forma en que se relaciona con ellos.

Etapa uno: Al darle una lección, tiene la ilusión de concentración. Puede que tenga un alto nivel de conciencia, pero no es una observación real.

Etapa dos: observación móvil. No está tratando de dar una lección o enseñarle algo, sino que está observando el movimiento. La lucha aquí es que no tiene contexto para la actividad que podría interrumpir, y no le presta atención a cualquier redirección o interrupción que le dé porque el niño sabe que está en movimiento.

"¿Por qué dejar lo que estoy haciendo cuando ella no regresará por un tiempo?".

Etapa tres: tomar una postura. Entendiendo que hay que dejar de caminar y dedicar unos momentos a la observación. Esto a menudo resulta en mucha frustración porque está "mirando", pero solo tomando nota de las cosas que le molestan, o cultivando críticas internas o correcciones que se acumulan como estrés.

Etapa cuatro: sentarse e intervenir. Usted sabe que la observación móvil no funciona, y tomar una postura resultó en una frustración, por lo que ahora le está diciendo a los niños que vengan a usted cuando vea algo que a usted no le guste.

Etapa cinco: "Un ojo crítico" o usar una mirada de desaprobación para "intervenir" en lugar de intervenir física o verbalmente.

Etapa Seis: La etapa de "sentirse bien". Los niños se acercan a usted con preguntas y demandas, y usted responde.

Etapa Siete: La etapa de "casi allí". Un número favorito de Disney y el último tramo de acostumbrarse a la observación: ya casi está allí. En esta etapa de observación, ellos pueden verle, usted puede verlos y saben que está ahí para mirar, no para interactuar. Pero todavía cede a algunas preguntas y reconoce los problemas cuando surgen.

Etapa ocho: observe como un observador. No lo interrumpen, ya sea porque el niño sabe que no debe interrumpir o porque usted no agradece la interrupción.

Paso Uno: Sentarse y Mirar

El método Montessori adopta las mismas técnicas de observación que los científicos utilizan en los estudios de campo. Usted desea observar a su hijo en su hábitat, sin interrupciones y sin interjecciones. De vez en cuando, si la seguridad parece ser un problema, es hora de intervenir. Cuando pasamos por las ocho etapas de observación, esa es la progresión natural de alguien que pasa de un nivel de observación no calificado o no capacitado a un observador hábil y bien perfeccionado.

Sentarse y mirar es difícil, especialmente para los padres. El método Montessori se destaca en las aulas y centros de aprendizaje porque los adultos no tienen el mismo apego que tiene usted. Es posible que todavía amen a los niños o los encuentren fascinantes. Pero, como padres, sentimos la necesidad de intervenir cuando vemos que el niño está haciendo algo que creemos que está mal. Esto puede ser jugar con un juguete que no fue diseñado por el fabricante o algo fuera de las normas sociales. Entonces, sí, es un desafío sentarse y permanecer inmóvil, pero la primera etapa de observación requiere eso.

Mientras está sentado y mirando, su cuerpo puede parecer sin emociones y desapegado, pero su mente debe estar extraordinariamente ocupada. A menudo, los maestros Montessori notan que la observación es una de las partes más exigentes mentalmente de su día.

Aquí hay algunas cosas que querrá recordar o pensar al comenzar sus observaciones:

- ¿Con qué frecuencia querría interrumpir a su hijo?

- ¿Habría sido necesaria esa / esas interrupciones?

- ¿Cómo continuó el niño después de quedarse atrás o dudar?

- ¿Qué está explorando o tratando de lograr el niño con su tarea?

- ¿Con qué frecuencia dejó de decir, oye, *no lo hagas, sí*?

Estas áreas de interés son el mayor punto de enfoque para los padres de párvulos y bebés. Los párvulos están en un estado de aprendizaje constante, y cuando interrumpimos o intervenimos y decimos que no, estamos rompiendo ese proceso de aprendizaje. Si se sienta un rato y observa cómo su hijo maneja la decepción, la frustración, la curiosidad y otros factores en los que podría haber intervenido, aprenderá que puede hacer mucho Y puede hacer muchas cosas que todavía están dentro de las normas sociales generales.

Si no está seguro de por dónde empezar, divida sus observaciones en un análisis más estructurado.

Aquellos que son nuevos en la observación y tal vez tengan problemas para permanecer quietos durante períodos prolongados, pueden adoptar un enfoque más analítico. Aunque eventualmente debe dejarlo pasar, puede comenzar tomando notas. Use una libreta pequeña y un bolígrafo para llevar la cuenta de la frecuencia con la que desea interrumpir a su hijo. Tal vez tome algunas notas breves sobre cómo respondió su hijo en diferentes situaciones y qué áreas de la habitación mantuvieron su interés durante períodos más largos.

Paso Dos: Repetir Las Observaciones en Diferentes Partes de la Casa

La mayoría de los niños pasan bastante tiempo en su dormitorio, guardería o tal vez en un área compartida como la sala de estar. Sin embargo, puede notar que sus intereses alcanzan su punto máximo en la cocina o incluso en el baño. Estos son buenos momentos para observar, ya que puede explorar nuevas interacciones que podrían no estar disponibles en su área de juego normal.

La observación funciona mejor cuando se observa al niño en la etapa de observación 7 u 8 en varios elementos. Puede programar observaciones u observar cuándo llega el momento. Trate de asegurarse de que no está observando a su hijo solo en un entorno, y solo cuando está realizando una o dos actividades.

También desea tener la oportunidad de ver cuan bien funciona en diferentes entornos. Es una buena forma de probar algunos de sus elementos en el entorno. Observar a su hijo en la cocina puede ayudarlo a saber si puede acceder fácilmente a todos sus utensilios o levantarse fácilmente para lavarse las manos. Verlo en el baño o en el dormitorio puede ayudarle a saber a qué pueden acceder y a qué no mientras juega o explora.

Trate de observarlo en cada habitación de su hogar y al aire libre. Los parques o incluso el patio trasero son excelentes áreas de observación. Sabe que, por el bien de la seguridad, lo está vigilando muy de cerca. Pero al mismo tiempo, puede sentarse y observar qué elementos de la naturaleza captan la atención de su hijo. ¿Qué les fascina el exterior? ¿Se acerca a la vida vegetal y a los animales con facilidad o vacilación? ¿Existe alguna curiosidad para el juego sensorial, como tocar tierra o arrancar hojas de flores?

Deje que su hijo se suelte y observe hacia dónde corre, qué explora y por dónde pasa su curiosidad.

Paso Tres: Reflexione Críticamente Sobre Sus Observaciones para Evaluar la Preparación, los Intereses y las Necesidades

Mucho del trabajo de observación es introspectivo. Comprender o darse cuenta de la frecuencia con la que desea interrumpir o saltar puede ayudarlo a cambiar drásticamente la forma exacta en que interactúa con el niño. También puede cambiar la forma en que percibe su entorno. Es un desafío comprender un entorno desde el punto de vista de un niño pequeño, pero las observaciones son la clave para incrementar la percepción.

También puede notar señales claras de que su hijo tenía hambre, sed o quería un amigo con quien jugar. Sin observación, eso fácilmente se habría pasado por alto. A menudo, los padres se sienten excepcionalmente frustrados por cómo los niños chillan, lloriquean o dicen "hmm" a todo. Sin embargo, estas son los indicios o señales que los padres a menudo notan que simplemente no comprenden. Ese manual siempre eludido para manejar a su bebé, niño pequeño o niño podría desbloquearse durante las observaciones.

Un propósito final de la observación es la evaluación de la preparación y la evaluación del interés. ¿Se pregunta qué juguetes comprar a continuación o si su hijo está listo para seguir adelante en su juego sensorial? ¿Puede sostener algo de manera adecuada y estable? Entonces podría ser el momento de introducir el juego acuático. Si puede recoger artículos pequeños de repente y no está dispuesto a llevárselos a la boca, podría estar listo para las actividades de clasificación.

Recuerde que los períodos de observación deben ayudarlo a comprender exactamente a dónde ir con la dirección del entorno y cómo ayudar a su hijo a crecer. Esto puede ayudarlo a evaluar cuándo siente la necesidad de intervenir y comenzar de nuevo para ver si quizás el niño puede manejar la situación de forma independiente. La observación es un punto crítico del método Montessori. La mayoría de los maestros Montessori reconocen que si hubiera algo que hacer para lo que pudieran tener más tiempo, sería hacer observaciones.

¿Está luchando por encontrar tiempo para adaptarse a un período de observación? Sus cambios no tienen que durar ni 30 minutos ni una hora. Puede tomarse 10 o 15 minutos para sentarse y mirar en silencio. Es mejor si puede encontrar un momento en el que su hijo ni siquiera lo vea. Pasar por su habitación cuando está jugando y detenerse en la puerta y simplemente verlo jugar durante 5 o 10 minutos es una gran sesión de observación.

Finalmente, terminemos con una nota de progreso, no de perfección. No es necesario tener una sesión de observación perfecta. La idea es que esté comenzando sus observaciones ahora, y en unas pocas semanas o meses, tendrá sesiones de observación sobresalientes y gratificantes. Empiece ahora con lo que tiene y desarrolle las habilidades de observación para que, más adelante, pueda mirar durante 10 o 15 minutos, o incluso una hora, y alejarse con información importante.

Capítulo 5: Establecimiento de su Hogar Montessori

A lo largo de los primeros cuatro capítulos, ha visto una breve mención del medio ambiente. El entorno o el ambiente preparado es un punto crítico en el método Montessori. Existe la idea de un entorno ordenado, y que el entorno en sí debería generar compromiso y cultivar la curiosidad. ¿Pero cómo hace que suceda esto? Antes de que pueda sumergirse de lleno en el método y el estilo de vida Montessori, debe poner su hogar en orden. Su hogar puede estar impecable en este momento, pero puede que no sea adecuado para el hogar del pequeño ser humano. Su casa puede albergar tanto a adultos como a niños, y al hacerlo, es probable que también cree un entorno más seguro.

Hay casi infinitas formas de crear un hogar más Montessori. Una casa Montessori debería:

1. Incorporar lecciones que involucren movimiento y despierten interés.

2. Involucrar a los niños en el desarrollo de habilidades para la vida.

3. Permitir que su hijo cometa errores y corrija los errores por sí mismo.

4. Descubrir habilidades y conceptos para crear una base de conocimiento

5. Tener un diseño cuidadoso para fomentar la independencia.

Con estas ideas, puede actuar de inmediato. Puede entrar en su sala de estar y evaluar el espacio y probablemente elegir cinco o seis cosas que podría quitar, mover o al menos hacer más seguras. Debido a que una de las fuerzas impulsoras principales dentro del método Montessori es una exploración independiente, generalmente desea reducir la cantidad de veces que tiene que decir que no o saltar para quitarle algo al niño. No se trata necesariamente de poner cerraduras en los gabinetes y hacer imposible que los párvulos giren los pomos de las puertas. Hay una seguridad básica. Luego está el paso de eliminar los peligros potenciales reduciendo los daños potenciales.

Si bien tener un candado en el asiento del inodoro puede tener sentido si le preocupa que su niño pequeño entre al inodoro, la casa Montessori busca formas en que los padres intervengan cuando no deberían tener que hacerlo porque hay una alternativa razonable. Por ejemplo, si tiene chucherías de vidrio que le está quitando constantemente a su hijo, es posible que le sirvan mejor en un estante alto. Luego reemplace esos artículos con cosas que el niño pequeño pueda recoger, tocar, girar y manipular.

Evalúe Su Espacio

¿Cómo empieza? Comience echando un primer vistazo. Siéntese en el centro de su sala de estar o en la sala de juegos de su hijo o en su dormitorio y observe la habitación desde una perspectiva. Recuerde que los párvulos suelen ser mucho más pequeños que nosotros, y pueden ver y tomar cosas que nunca pensó que fueran un problema. Eso es hasta que lo recogen, y los vemos con él, y ahora tenemos que decirles " no" o "detente". Ya sabe qué hacer.

Comience en cada habitación sentándose y mirando las cosas en las que su niño pequeño podría y probablemente se meterá. Luego, tómese un minuto para mirar todas las cosas que no puede alcanzar. ¿Qué elementos en las alturas podrían despertar su curiosidad y posiblemente inspirar la escalada? Piense e identifique algunos elementos que su hijo pueda recoger y jugar o en los que pueda meterse sin interferencias.

Finalmente, observe los elementos prácticos del espacio. ¿Tiene su niño un lugar cómodo para sentarse o descansar en su sala de estar? ¿Puede subirse a la cama o necesita ayuda? ¿Puede acceder a cajones que contienen sus artículos, como su ropa o juguetes?

Habitación Por Habitación Estilo Montessori

Repasemos cada habitación y evaluemos cómo pueden o deben verse. Muchas escuelas Montessori se ven muy similares porque algunos elementos fundamentales facilitan la recreación de cada habitación con una estética Montessori.

Cocina

La cocina es una gran sala para los padres y hogares Montessori que adoptan el método Montessori. María Montessori enfatizó que las habilidades para la vida son vitales y debemos comenzar el desarrollo de habilidades para la vida lo antes posible. Eso significa aprender a cocinar, limpiar, lavarse las manos y organizar o poner cosas. Este desarrollo no tiene por qué suceder exclusivamente en la cocina, pero la cocina es un espacio importante para ayudar a su niño a desarrollar habilidades básicas para la vida.

Para empezar, puede llevar una escalera de mano a la cocina. Una escalera de mano le dará a su hijo acceso al fregadero y una mejor vista de la mesada. Si su hijo es alto y un simple taburete es suficiente, está bien, pero una escalera de mano les da un poco más de altura.

Luego, mire las herramientas y elementos que usará su hijo. Los párvulos generalmente tienen su propio juego de utensilios, platos, tazones, tazas e incluso bocadillos. Puede poner todos los artículos de cocina de su niño pequeño en un cajón en un estante de la despensa al que pueda acceder fácilmente. Es beneficioso hacer esto, ya que la mayoría de los niños identificarán esta accesibilidad como una mejor forma de comunicación para tener hambre o sed. En lugar de tener un berrinche o tener problemas para comunicar sus necesidades, a menudo volverán a ir a la cocina a buscar un plato o una taza para reconocer su necesidad fundamental de comida o bebida.

Ponga sus utensilios y artículos de cocina donde puedan alcanzarlos también los anima a guardar sus propios artículos. Cuando esté descargando el lavavajillas o la rejilla de secado, puede entregarles sus utensilios y platos para que puedan guardarlos.

Al introducir la limpieza, la cocina juega un papel muy importante. La mayoría de las personas guardan sus productos de limpieza allí y usted puede hacerlo para su niño pequeño. Tener una toallita y tal vez una botella con atomizador de agua con cáscara de limón puede hacerlos parte del proceso de limpieza. También puede tener una escoba pequeña y un pala para recoger basura disponibles, de modo que cuando se le caiga algo, pueda coger rápidamente sus artículos de limpieza y recoger la basura. Para la mayoría de los párvulos, este es un juego y es muy divertido porque están imitando algo que le han visto hacer mil veces y que nunca han tenido las herramientas para hacerlo ellos mismos.

Dormitorio / Cuarto de Juegos

Aunque todas las demás habitaciones de la casa deben ser accesibles y fáciles de usar para los adultos, el dormitorio o el cuarto de juegos de un niño pequeño debe tener más en cuenta las manos y la estatura pequeñas. Considere hacer que todos los juguetes y suministros estén disponibles para el nivel de un niño pequeño, tenga siempre en cuenta el nivel de sus ojos y tenga en cuenta su inclinación natural a recoger y tocar, tirar y, en general, hacer un desastre.

Cuando coloca artículos a la altura de sus ojos, también facilita su participación en la actividad de limpieza.

Una de las primeras cosas que se debe abordar en el dormitorio o el cuarto de juegos de los párvulos, o en cualquier habitación donde pasan la mayor parte del tiempo, es reducir los estímulos. Demasiados carteles, cintas, adornos y cosas similares pueden atraer la atención en demasiadas direcciones a la vez. Su niño pequeño debe participar y mantenerse ocupado, pero no debe sentirse abrumado.

En cuanto a los materiales de arte, siempre puede recurrir a los marcadores lavables, los crayones lavables e incluso los materiales Maravilla del Color de Crayola, que son geniales porque no marcan en nada más que en el papel especial. Durante los períodos de observación, puede sacarla pintura y otros elementos que desordenan que quizás no desee dejar en el cuarto de los niños o en el dormitorio.

También puede fomentar el cuidado personal manteniendo la mayoría de las cosas disponibles a su alcance que de otra manera podría poner más arriba. La ropa es el ejemplo principal aquí; cuando un niño tiene acceso a su guardarropa, entonces puede elegir lo que le gusta, y puede ser un desastre al principio, pero eventualmente, perderá interés en quitarse la ropa.

Aquí hay una lista de verificación para el dormitorio o el cuarto de juegos:

- Mantenga la ropa, los juguetes y los artículos al nivel de los párvulos.

- Concéntrese en mantener muebles del tamaño de un niño con un lugar para que duerman, se sienten y jueguen.

- Posiblemente quiera traer un dispositivo para lavarse las manos.

- Utilice estantes bajos en lugar de cajones para que todo esté a la vista y disponible.

- Utilice organizadores o baldes transparentes para almacenar artículos similares (bloques, clasificar artículos, etc.).

- Arme un sistema para limpiar o guardar artículos que incluso un niño pequeño pueda entender.

Sala de Estar

Mantenga algunos juguetes u objetos interesantes al alcance de su niño. Piense en elementos que siempre puedan estar en la sala de estar y que sean fáciles de guardar. Estos elementos aún deben ofrecer comodidad y participación. Por lo general, los artículos de juego de simulación son los mejores para la sala de estar porque generalmente no hay varias partes, y puede ponerlas todas juntas en un cubo o casilla.

Además, asegúrese de que tu pequeño tenga espacio. Considere una silla pequeña para ellos o un área donde puedan descansar, especialmente si aún no han dominado cómo trepar al sofá. También puede usar una alfombra específica o una alfombra de juego para ayudar a reconocer que también tienen un espacio en la sala de estar.

La sala de estar es uno de los mayores desafíos para reducir las intervenciones. A diferencia de la cocina, donde lo observará constantemente, la sala de estar ofrece suficiente seguridad para que usted pueda realizar otra tarea o relajarse por un momento. Hasta que ese momento termine porque empiezan a tirar los marcos de las fotos. Centrarse en la seguridad y la accesibilidad. Sujete los muebles, incluidos los televisores, y mueva los artículos peligrosos fuera del alcance o de la habitación. Luego, mire los elementos en los que simplemente no quiere que se meta, como álbumes de fotos o chucherías significativas. Puede cambiar los enchufes por enchufes para párvulos o enchufes "seguros".

La sala de estar debe ser un lugar para todos, y eso también significa para su niño pequeño. Ahora bien, ellos crecerán rápidamente, por lo que no es como mover cosas a un estante alto donde nunca volverán a ver la luz del día. A medida que sus hijos crecen, usted puede relajarse mientras ellos juegan con elementos que usted no desea que se dañen, rompan o pierdan. La confianza es un elemento importante para Montessori, especialmente a medida que crecen, pero a una edad temprana, la seguridad debe ser lo primero, y es posible que usted no desee perder cosas por una rabieta.

Cuarto de Baño

El cuarto de baño es otro lugar con muchos peligros de los que la mayoría de la gente simplemente mantienen alejados a sus hijos. Sería más fácil si a su hijo solo se le permitiera entrar al cuarto de baño para bañarse, usar el excusado y cepillarse los dientes. Sin embargo, también necesita lavarse las manos, y tener esto como una habitación "prohibida" en la casa es una receta para el desastre del entrenamiento para usar excusado y la causa de muchas rabietas.

Para hacer que el cuarto de baño sea más amigable para los párvulos:

- Tenga un taburete o una escalera de mano para que pueda ver y usar el lavabo por sí mismos.

- Use jarras, émbolos y tubos de plástico para promover las actividades de vertido en la bañera.

- Fomente el juego en la bañera para el desarrollo sensorial.

¿Qué Pasa con los Conceptos Básicos Generales?

Hay conceptos básicos generales. Mantenga la decoración simple y atractiva, pero que no distraiga. Use alfombras en el suelo duro, son excelentes para el desarrollo sensorial, pero también son útiles porque los niños van a gravitar hacia alfombras para jugar en el suelo. Asegúrese de que haya artículos accesibles en cada habitación que su hijo use para jugar. Anímelo a explorar mientras también mantiene la seguridad con herramientas básicas de seguridad infantil.

Espere, ¿no necesita materiales educativos en cada pared? ¿Qué pasa con el servicio de lavado de manos en cada habitación? En las aulas Montessori, esto tiene sentido y puede colocar artículos, pero no necesita hacer que todas las habitaciones de su casa parezcan pertenecer a un centro Montessori. Su hogar también es un entorno de vida. En las aulas y los hogares Montessori, el minimalismo es un tema común; menos cosas, pero mayor importancia en la consideración de esas cosas y cómo se presentan.

Capítulo 6: Coordinación y Actividades Sensoriales

Los bebés comienzan a ejercitar la coordinación de grandes grupos de músculos a los cuatro meses de edad. A partir de esa edad, desarrollan la motricidad gruesa y la motricidad fina, y esto se logra mediante actividades de coordinación. Muchos de estos surgen en el juego de niños de todos los días. Vemos niños corriendo en los parques, jugando al fútbol y desmontando Legos. Sin embargo, con el método Montessori en mente, hay una manera de establecer actividades sensoriales y de coordinación dentro del entorno del niño para promover la interacción positiva. Usted no debería tener que levantarse y decir: "Oye, salgamos y pateemos una pelota". En cambio, su hijo debe tener acceso a todas las demás herramientas o juguetes que promueven el desarrollo de la coordinación y la construcción sensorial.

Coordinación y Desarrollo Sensorial en Montessori

¿Qué es el método Montessori con respecto a la coordinación y el juego sensorial, y cómo ayuda a desarrollar los músculos y la memoria? Si bien las actividades sensoriales son divertidas e interesantes, también promueven la exploración y la investigación. Después de un tiempo de trabajar con diferentes actividades sensoriales, notará que su hijo comenzará a recurrir al método científico. Empiezan por observar, estimarán lo que debería suceder después de una determinada acción, experimentarán y, al cabo de un tiempo, sacarán sus propias conclusiones.

También sabemos que el desarrollo sensorial deliberado ayuda a desarrollar habilidades motoras y conexiones nerviosas dentro del cerebro. El juego sensorial también se vincula directamente con el desarrollo del lenguaje y el pensamiento científico o la resolución de problemas.

Desarrollar una mejor coordinación ayuda a los párvulos a comprender y abordar los problemas que implican levantar objetos y moverlos. La coordinación ayuda a los niños a comprender cómo minimizar los conflictos, comprender el reconocimiento espacial y, finalmente, les ayuda a manejar las actividades diarias más rápido. Usted se quedará sentado esperando una eternidad a que su hijo se ponga sus zapatos si no ha dominado adecuadamente la coordinación de los dedos. Estas actividades de coordinación pueden hacer mucho más de lo que se ve inicialmente. Dele una oportunidad y diviértase mientras interactúa con su hijo. Muchas de estas actividades requieren la interacción de los padres o un humilde maestro.

Piense Más Allá de las Actividades Habituales

Tenemos un montón de actividades divertidas y atractivas que puede hacer con un niño de hasta 18 meses. Puede parecer que algunas de estas son muy avanzadas, y puede reconocerlo mediante observaciones. Incluso si algunas de estas actividades parecen más allá de la etapa de desarrollo inmediato de su hijo, pruébelo y vea si está dispuesto a participar y engancharse.

Nuestra primera actividad llama la atención de los padres. Atrapar y lanzar parece algo que debería hacer un niño de cinco o seis años. Sin embargo, muchos niños de dos años pueden atrapar y lanzar bien. Entremos en estas actividades.

Atrapar y Lanzar

Por debajo, por encima, de lado, rodando por el suelo, usted puede atrapar y lanzar casi de cualquier forma posible. Es divertido, fomenta la coordinación y hay casi infinitas oportunidades para hacerse el tonto. Sin embargo, hay algunas formas de mejorar realmente esta actividad.

Considere tener una variedad de tamaños de balones, ya que los diferentes tamaños ejercitarán diferentes partes de los músculos de las manos de su hijo. Si su hijo no tiene idea de atrapar y lanzar, comience con un balón de playa. Son livianos y fáciles de coger con las dos manos. También son muy fáciles de lanzar por encima de la cabeza. Entonces, su hijo obtiene la gran recompensa de que el balón llegue lejos debido a su peso y pueda ejecutar un lanzamiento "adecuado".

Si no desea fomentar el lanzamiento en espacios interiores, puede usar balones suaves o blandos. De lo contrario, mantenga los balones afuera para atraparlos y lanzarlos.

Caminar con un Limón

Caminar con un huevo haciendo equilibrio sobre una cuchara es uno de los juegos favoritos de las fiestas navideñas y de oficina. Sin embargo, su personita un poco menos coordinado en casa puede reconstruir este juego. Dele una ventaja en las fiestas de la oficina. Para jugar a este juego, establezca un punto de partida y una línea de llegada. Una excelente manera de establecer estos puntos es usar cinta engomada, cinta Washi (cinta decorativa) o simplemente colocar las líneas de inicio y finalización en el piso.

El juego de "caminar con un limón" puede funcionar de dos maneras. Primero, el niño pequeño puede simplemente sostener la cuchara mientras balancea un limón y camina desde el principio hasta el final. En segundo lugar, el niño pequeño puede sostener la cuchara con la boca. Hay algunas cosas que debe recordar si desafía a su niño a caminar con el limón en equilibrio sobre una cuchara en la boca. Primero, trate de evitar usar cucharas de metal por sus dientes. En segundo lugar, use el limón más pequeño que pueda encontrar o recurra a las limas porque son mucho más livianas.

La mejor parte de usar un limón en lugar de un huevo es la tranquilidad de no tener que limpiar. No hay nada en esta actividad que deba limpiar. Su niño pequeño debería poder devolver el limón a su lugar, poner la cuchara en su lugar o tirar la cuchara si fuera de plástico y recoger las áreas de la línea de inicio y final.

Bolos de Contenedores

¿Cuántos recipientes herméticos tiene en su armario? Los tupperware, recipientes apilables e incluso vasos de plástico son excelentes clavijas para jugar a los bolos. Todo lo que necesita para esta actividad son un par de artículos apilables y un balón que sea lo suficientemente pesado o grande como para derribarlas o apartarlas del camino.

Puede notar que los párvulos fijan los bolos de manera diferente a como conocemos en el juego. Muchos párvulos fijarán su espacio de bolos como podríamos ver en el tradicional juego de carnaval de derribar clavijas o botellas. Esta configuración es aceptable y ofrece una mayor recompensa por volcar con éxito artículos con un tazón.

Por lo general, espere que su hijo se vuelva tremendamente creativo con sus disposiciones de bolos. Es una excelente razón por la que esta actividad es tan buena para la coordinación. No solo están derribando clavijas, sino que también se toman el tiempo para colocarlas estratégicamente o apilarlas mirando hacia arriba.

Si está buscando armar este juego con solo artículos de la casa, considere usar tazas desechables, ya sea de espuma de poliestireno o de plástico. Su hijo se divertirá apilando las tazas o colocándolas en una disposición de bolos, y luego podrá hacer bolos de casi cualquier tamaño y las tazas se volcarán.

Contenedores Apilables

La Torre Rosa es una herramienta Montessori muy conocida. Sin embargo, no necesita comprar herramientas específicas para comenzar con esta actividad. Si está tratando de medir lo interesado que está su niño en apilar y actividades de coordinación similares, use artículos de la casa. Esto no solo ayudará a desarrollar la coordinación de su hijo, sino que también promoverá su creatividad.

¿Cuántas tazas pueden apilarse hacia arriba? ¿Cuántos contenedores del tipo tupperware encajarán unos dentro de otros? ¿Pueden apilar libros? ¿Es posible que sus figuras de animales también se apilen? Apilar contenedores o casi cualquier dispositivo de almacenamiento en la cocina o el cuarto de baño puede ayudar a los párvulos a comprender el concepto de coordinación y reconocimiento facial. Deben explorar y decidir por sí mismos si un elemento se mantendrá apilados uno encima de otro artículo o no.

Una nota final sobre el apilamiento de contenedores. Si le preocupa que el niño pequeño apile cosas demasiado alto o use artículos que pueden ser pesados, entonces permanezca sentado allí observando. No quiera intervenir antes de que sea necesario. Esta actividad es una gran oportunidad para ver a su hijo pasar por el proceso científico y usar artículos del hogar para cultivar el juego creativo de coordinación.

Vertido en Seco

El vertido en seco es definitivamente un favorito entre los padres y maestros Montessori. Es tan simple como recolectar frijoles, arroz, pasta, arena, arena casera o incluso tierra del exterior. Debido a que esta actividad tiene tantas variaciones, incluiremos algunos consejos y trucos para que también sea un poco más divertida.

Entonces, ¿qué es el vertido en seco? El vertido en seco es un ejercicio o actividad que permite al niño acceder a un material seco que puede recoger y luego verter de un recipiente a otro. Algunos padres usan sartenes, ollas, recipientes de almacenamiento o baldes. Si usted tiene un par de cubos del verano, las cubetas destinadas al uso en la playa, ambas son excelentes para esta actividad.

Cómo Colorear Frijoles, Pasta o Arroz para Verter en Seco

- Divida los frijoles, la pasta o el arroz que desee entre tres y siete bolsas para emparedados.

- Coloque unas gotas de colorante para alimentos en cada bolsa (puede pasar de los colores primarios al arcoíris completo). ¡Unas pocas gotas hacen mucho!

- Espere 24 horas para que se sequen los frijoles, la pasta o el arroz.

- Coloque los frijoles o el arroz en una sartén o en tazones.

La arena lunar casera también es excelente para esta actividad porque el niño puede verter y mover la arena en terrones o en su forma arenosa.

Cómo Hacer Arena Lunar

1. Coloque 8 tazas de harina en un tazón o recipiente grande.

2. Haga un hoyo en medio de la harina.

3. Vierta 1 taza de aceite de bebé en el hoyo.

4. Mezcle el aceite y la harina con un movimiento de batido y amasado.

En su forma final, la arena lunar seguirá pareciendo sospechosamente harina. Sin embargo, tan pronto como su pequeño la ponga en sus manos, la arena se agrumará. Excelente para verter y ver cómo algo cambia de una forma casi rocosa a arena nuevamente.

Cuando busque herramientas para verter, puede recurrir a las tazas medidoras de eficacia probada. Sin embargo, también puede utilizar palas de arena, enjuagues de baño, cucharas, cucharones, recipientes y tazas.

El elemento de coordinación aquí es llevar una cantidad generalmente grande del artículo de un contenedor a otro. Esta actividad es ideal para jugar al aire libre. Coloque una maceta de plástico con tierra frente a su hijo y observe cómo la recoge metódicamente con una herramienta y la vierte en el suelo. Fácil de limpiar, y la mayoría de los párvulos tendrán un interés prolongado en esta actividad.

Clasificación de Elementos

Los maestros Montessori conocen y les encanta las actividades de clasificación. Estas actividades son sencillas y definitivamente algo que puede hacer en casa con poco esfuerzo. Puede usar los mismos frijoles o arroz que tenía para verter, para clasificar. Hacer grandes cantidades de frijoles, arroz o pasta de colores es una excelente manera de cambiar de una actividad a otra. Tiña los frijoles, el arroz o pastas de diferentes colores.

Coloque los artículos en una bandeja para hornear o mezcle en un tazón. Si está mezclando elementos en un tazón, puede usar frijoles y pasta en lugar de arroz. Luego, pídale a su niño que ordene estos artículos por color. Dele los objetivos adecuados para la cantidad de colores que está clasificando. Permítale que desarrolle sus habilidades motoras finas y su coordinación para recoger estos pequeños artículos y dejarlos caer en un tazón. Estas actividades son una gran oportunidad para desarrollar la fuerza de agarre en forma de pinza. Notará que su niño trata naturalmente de coger estos objetos más pequeños entre el pulgar y el índice.

Un elemento de las actividades de clasificación que se destaca de algunas de estas otras actividades de coordinación es el enfoque. Los párvulos encuentran atractivos los bolos y los instrumentos musicales. Sin embargo, ordenar los elementos requiere más atención. No solo debe participar tácticamente, sino también pensar estratégicamente sobre dónde colocar el artículo y si está en el recipiente correcto.

Una de las herramientas o juguetes Montessori más famosos es el Clasificar Ositos. Puede encontrar animales para clasificar no solo en forma de oso, sino también como dinosaurios, gallinas, trenes y más. Este juguete a menudo viene con alrededor de 50 artículos de formas pequeñas de diferentes colores. Luego hay siete tazas, cada una de un color diferente del arco iris. Por lo general, con pinzas o con los dedos, ese niño levantará cada osito o dinosaurio y lo colocará en la taza que coincida con su color. No necesita invertir en este juguete de inmediato, ni después. Si prefiere usar artículos para el hogar, está bien, y algunos maestros Montessori promueven el uso de artículos alternativos. Si está ampliando su creatividad para armar estas actividades, el niño verá ese capacidad de improvisación y la imitará.

Cadenas de Cuentas o Pasta

Un poco de lana, cuentas grandes o pasta en forma de tubo de gran tamaño pueden mantener a su pequeño entretenido durante bastante tiempo. Sin embargo, esta actividad puede fallar rápidamente. Al ensartar cuentas o pasta, debe pensar en el medio ambiente y las herramientas disponibles. Por lo general, los niños de dos años ya no se llevan cosas a la boca. Sin embargo, incluso los niños de cuatro o cinco años pueden hacer esto pensando que es divertido y no son conscientes del peligro de asfixia.

La lana suele ser mejor que el hilo fino o incluso el hilo de bordar porque es más fácil de manejar para las manos pequeñas. Cuando busca cuentas, quiere algo más grande que las Cuentas Perler. Muchos padres que usan Montessori como modelo usarán pasta rigatoni grandes o penne. El uso de pasta también puede ayudar a los niños a aprender a controlar su agarre en pinza o su agarre con la palma, ya que, si la agarran demasiado fuerte, aplastarán la pasta. Utilice únicamente pasta en su forma seca.

Al poner en marcha esta actividad, querrá establecer restricciones. Por ejemplo, lleve el lana a la mesa, al piso o al área de juego. También puede darle un trozo de lana lo suficientemente pequeño como para que el niño no pueda envolverlo alrededor de algo que no debería.

Hagamos un Trato

¿Es posible que su hijo pueda aprender la coordinación y el desarrollo de su toma de decisiones? ¡Absolutamente! El juego "hagamos un trato" es bastante divertido y puedes usarlo desde los seis meses de edad. Aunque seis meses es un poco joven con respecto a la disciplina de los párvulos, esto puede ayudar a preparar el escenario para la toma de decisiones y el compromiso.

Hay algunos elementos de la vida diaria a tener en cuenta al poner en marcha esta actividad. Primero, esta actividad requiere la participación de un humilde maestro o un padre Montessori. Esta actividad no cuenta como observación, aunque probablemente se irá con una buena idea de las habilidades de toma de decisiones y preferencias personales de su hijo. En segundo lugar, puede adaptar este juego a las cosas que sabe que le gustan a su hijo o presentarle nuevos elementos. Finalmente, desea mantener un entorno libre de distracciones e intentar jugar a usted este juego en un lugar donde no haya otros elementos que su hijo pueda querer.

¿Entonces, cómo funciona esto?

• Paso uno: siente a su niño o niño pequeño y entréguele dos artículos.

• Paso dos: sostenga un artículo nuevo frente a su hijo y pídale que cambie algo que ya tiene en la mano por el artículo nuevo.

• Paso tres: repita el proceso con nuevos artículos hasta que su hijo pierda interés.

Ahora bien, las instrucciones son sencillas, pero rara vez dan cuenta de que ocurren algunas desviaciones graves. Cuando es un niño pequeño, su hijo puede negarse inteligentemente a entregar cualquier artículo y en su lugar tomar varios artículos en sus brazos o ponerlos en su regazo. En general, esto es aceptable. Idealmente, usted desea que intercambie un artículo que ya tenía por uno nuevo. Sin embargo, su hijo eventualmente se quedará sin espacio y tendrá que comenzar a renunciar a artículos para tomar artículos nuevos.

O usted podría adoptar un enfoque diferente y reconocer que todo es un intercambio uniforme. El niño no puede tener el nuevo hasta que decida a cuál renunciará. El enfoque que elija depende de usted; solo recuerde que la coherencia y la justicia son vitales para los niños.

El otro problema que puede surgir durante este juego es que el niño no quiera renunciar a ningún artículo y no tenga interés en el artículo ofrecido. Cuando el niño no muestra interés en el artículo ofrecido, está bien dejarlo a un lado. Cuando deja de lado artículos, es un indicador de que su hijo simplemente no tiene ningún interés en ellos. Ahora bien, debido al interés cambiante, los padres Montessori usarán esta actividad para medir el interés. Pueden usar solo artículos de cocina durante un juego y luego, en un día diferente, usar artículos que el niño usa con frecuencia. Puede hacer practicar esta actividad al aire libre y ofrecer diferentes plantas o diferentes juguetes al aire libre.

Instrumentos Cotidianos

La mayoría de los adultos han visto u oído hablar de niños muy pequeños o párvulos golpeando ollas y sartenes. Eso es esencialmente lo que está recreando con esta actividad. Ollas, sartenes, recipientes herméticos, gomas elásticas, tubos de toallas de papel y muchos otros artículos del hogar producen música o al menos sonido.

Al preparar esta actividad, puede envolver unas bandas de goma gruesas alrededor de un recipiente o tazón abierto. Puede proporcionarle un juego de cucharas y sartenes de madera con las que su hijo pueda correr o tubos de toallas de papel de diferentes longitudes a través de las que pueda soplar.

También puede recurrir a instrumentos estándar. Flautas dulces, tambores, tubos de sonido, maracas y panderetas son excelentes instrumentos para párvulos. Casi todos los instrumentos requieren de una forma u otra. una sujeción adecuada o la intervención de las manos y La batería evidentemente requiere coordinación, pero los tubos de sonido son una excelente herramienta Montessori debido a cómo crean diferentes sonidos dependiendo de dónde se golpean.

Para estas actividades, si está tratando de dirigir una lección, pídale al niño que produzca diferentes sonidos usando un instrumento. Por ejemplo, usted podría sacudir por un tiempo una maraca y pedirle que lo haga con un ritmo diferente.

Pintura al Agua

La pintura al agua es de manera definitiva un favorito, especialmente para los padres que no quieren el lío de la pintura. Solo necesita una pila de papel de color o papel de envolver y agua. Los niños pueden pintar al agua con los dedos, pinceles, pinceles de espuma o pompones. Los pompones son una variación divertida; claramente producen gotas de agua de diferentes tamaños y desarrollan el agarre en pinza en los párvulos.

¿Qué es la pintura al agua? Ellos pintan sobre algo que usted ya puso en el papel. Es una excelente manera de promover el trazado y la coordinación avanzada o fomentar el desarrollo de su alfabeto. Puede hacer líneas simples, líneas onduladas, letras, números y mucho más,

Trazado con Botones

De manera similar a la pintura al agua, el rastreo de botones es una actividad sin complicaciones que se centra en el desarrollo de la coordinación. Con el seguimiento de botones, usted querrá tener una variedad de tamaños de botones, pero nada tan pequeño que pueda representar un peligro de asfixia. Luego debe sentarse antes de comenzar la actividad para hacer algunas formas básicas.

Para comenzar con el trazado con botones, tome papel de construcción o papel de impresora y cree algunos diseños. Empiece con solo cuatro o cinco páginas. En cada página, puede poner más de un diseño, pero es mejor concentrarse en una cosa cuando son nuevos en esta actividad.

En una sola página, puede crear una versión de línea de puntos de una letra, número o imagen. Puede crear el contorno general de una carita sonriente o un árbol, y luego haga que un niño pequeño use botones para cubrir las líneas de puntos y completar la imagen. El trazado con botones desarrolla el agarre en pinza, el reconocimiento espacial y el deslizamiento.

Capítulo 7: Ayudando en la Casa

Cuando su casa está diseñada como un ambiente Montessori, es posible que le resulte más fácil obtener ayuda en la casa. Los párvulos, naturalmente, quieren ser útiles y quieren estar cerca de los adultos en su vida. Aunque gran parte del método Montessori gira en torno a que los niños aprendan de compañeros de edad similar, hay mucho que solo pueden aprender de usted. Limpiar la casa es una habilidad básica para la vida que todo adulto necesita.

Como una bonificación para los padres, consiguen un poco de ayuda en la casa, pero las tareas deben ser micro tareas. No le pediría a su niño que arregle los platos por sí mismo. Tampoco deberían esperar que dediquen más de uno o dos minutos a ninguna actividad en particular. Seguro que algunos de estas de estas tarea le tomarán a usted un tiempo completarlas, pero al ofrecerles que le ayuden, pueden entrar y salir de la actividad a medida que su interés aumenta y disminuye.

Los párvulos casi nunca pueden lograr estas cosas a la perfección, especialmente en el primer intento. Pero implementarlas puede reducir drásticamente su estrés a largo plazo. No solo porque está recibiendo ayuda con las tareas del hogar, sino porque sabe que su hijo puede manejar estas tareas con confianza y está aprendiendo habilidades para la vida.

¿Realmente Qué Puede Hacer Su Hijo?

Entonces, ¿qué puede hacer su niño pequeño en la casa? La pregunta más importante es qué no pueden hacer. Su niño puede ayudarle a descargar el lavaplatos, poner su plato en el lavaplatos, ayudar a lavar la ropa, ayudar a cuidar las plantas del hogar, limpiar sus juguetes, recoger pequeñas cosas que se cayeron, limpiar derrames e incluso preparar la comida. Muchas de las restricciones que imponemos a los párvulos se deben simplemente a que sabemos que podemos hacer estas tareas más rápido y con mayor eficacia. Sin embargo, cuando involucramos a estos niños a una edad temprana, pueden mejorar rápidamente sus habilidades en estas tareas y brindar una mayor ayuda a edades más tempranas. Estas son habilidades para la vida que eventualmente tendrán que aprender, así que ¿por qué no comenzar temprano?

Platos

Siempre hay algunas restricciones. Como predicó María Montessori, la libertad con restricciones es la situación ideal para los párvulos y niños pequeños. El lavavajillas es un gran ejemplo. Si su niño pequeño está ayudando a descargar la rejilla para secar platos o el lavavajillas, entonces claramente no le estaría dando cuchillos para que los guardara. También puede evitar darle cazuelas pesadas. Pero pueden pasar un buen rato apilando recipientes herméticas y guardando cucharas. Cuando le indique cómo ayudar a descargar el lavavajillas, puede enseñarle a un niño pequeño cómo llevar cosas con las dos manos y cómo pedir ayuda cuando hay algo que no puede alcanzar.

Lavandería

Con el manejo de la ropa, hay muchas oportunidades. No solo pueden ayudar a guardar la ropa doblada, sino que también pueden ayudar a clasificar la ropa en pilas. Pueden ayudar clasificando toallas, ropa de cama, ropa blanca y de colores claros y colores oscuros. También pueden ayudarla a sacar la ropa de la secadora. Si tiene una secadora de carga frontal, esto es mucho más fácil, pero aún puede entregarles artículos limpios de una secadora de carga superior y pedirles que los pongan en la canasta de ropa.

Limpiar Sus Juguetes

Muchos padres no les piden a sus hijos que recojan sus propios juguetes hasta que tienen cuatro o cinco años. Su niño pequeño puede aprender a limpiar sus juguetes desde el primer año. La forma en que aprenderán es mirándola. Está modelando un comportamiento y constantemente está pidiendo apoyo o ayuda. Sabemos que a los párvulos les encanta ayudar y tampoco les gusta que les toquen las cosas.

Cuando recoja sus juguetes, puede instarlos a que la ayuden. Siempre comience pidiendo ayuda y reconociendo que es su lío o sus juguetes.

Si su hijo ha alcanzado la edad en la que le gustan las cosas de una manera particular, puede convertirlo en un juego. Puede tomar un artículo y decir en voz alta que lo pondrá en un lugar al que no pertenece. Luego, comience a caminar hacia el área equivocada donde tiene la intención de dejar este juguete y observe cómo su niño pequeño entra en acción para corregirlo. También puede hacerse el tonto y actuar como si no supiera a dónde va todo. Puede recoger un artículo y preguntar: "¿Esto va en el garaje?" o "Creo que esto va en la habitación de tu hermana". A los párvulos les encanta corregir a los adultos cuando saben que las cosas funcionan de una manera específica. Darles esa oportunidad ayuda a desarrollar habilidades para compartir conocimientos, y significa que puede sentarse en un lugar en el piso y ellos harán la mayor parte de la limpieza.

Pequeños Derrames y Desaguisados

Todos los días ocurren pequeños derrames y desaguisados. Si su hijo es nuevo en el uso de un recipiente abierto en lugar de un vasito para sorber o un biberón, incluso pueden ocurrir varias veces por hora. Juntos pueden dejar de llorar por la leche derramada cuando saben que tienen ayuda para limpiarla. Provéale a su niño pequeño una pequeña pila de paños en la cocina, el cuarto de baño y donde sea que juegue más.

De esa manera, cuando ocurre un derrame, pueden agarrar un paño, porque saben dónde están, e inmediatamente absorber el líquido.

Con los desaguisados, es posible que tenga que darle un poco más de orientación. Los desechos como los restos de alimentos pueden requerir una aspiradora o una escoba y un recogedor. Puede conseguir una escoba y un recogedor del tamaño de un niño para que el niño pequeño pueda barrer por sí mismo. Puede que no siempre hagan un buen trabajo; probablemente lo hagan, pero eso no empeora el desaguisado. Les permite intentar limpiarlo y la recompensa de ayudar.

Preparación de Comidas y Cocinar

¿Recuerda cuántos años tenía cuando empezó a cocinar? La mayoría de nosotros no comenzamos a cocinar activamente hasta que nos mudamos a vivir por nuestra cuenta. Sin embargo, puede involucrar a su párvulo en el proceso de cocción a una edad temprana. Los niños pequeños son excelentes para pelar naranjas, lavar verduras y verter los elementos pre medidos de una comida.

Evidentemente, hay una gran variedad de peligros en la cocina. Desde agua hirviendo hasta cuchillos, parece que incluso los bocadillos más simples pueden presentar un peligro inmediato. La mayor parte de estos es lo que nos preocupa porque hay una amplia variedad de actividades que ellos pueden hacer siempre que cuenten con su supervisión. Si necesita mezclar o revolver algo, pregúntele a su niño pequeño. Al menos pueden intentarlo.

Las actividades más seguras en la cocina para los párvulo s incluyen lavar verduras y frutas, pelar frutas con las manos, no con un pelador, y revolver las mezclas. Al revolver, pueden usar una cuchara, un batidor o un tenedor, y suelen hacerlo bien. Si le parece que pedirle ayuda a su niño pequeño en la cocina significa que la tarea tomará una eternidad, recuerde que sus breves períodos de atención lo sacarán rápidamente de la cocina. La mayoría de los párvulos están muy felices de encontrar un lugar tranquilo para jugar mientras usted continúa cocinando después de solo unos minutos de ofrecerle su ayuda. Existe un tipo de seguridad que viene con saber que pueden volver a su lado si así lo desean, pero la mayoría de las veces, prefieren jugar de forma independiente.

¿En Qué Forma Los "Quehaceres De La Casa" Son Una Parte de la Experiencia Montessori de Su Hijo?

Los quehaceres de la casa no son necesariamente la palabra de elección que se usa en la comunidad Montessori, pero seamos honestos; es lo que es. Incluso de adultos, sabemos que lavar los platos y doblar la ropa son tareas del hogar. Sin embargo, nos podemos replantear esta tarea desagradable para los niños. Las micro tareas con sus hijos no solo pueden ser divertidas, sino que también ayudan a construir una relación respetuosa. Usted sabe que no le gusta hacer estas cosas, pero su hijo aún no sabe que son cosas desagradables. Si más adultos trabajaran enseñando que estas tareas domésticas no son tareas domésticas, sino parte de una contribución grupal para mantener un hogar adecuado, podríamos tener adultos más felices.

Entonces, ¿cómo hacemos esto y cómo estos deberes domésticos son parte de la experiencia Montessori? Siempre comience con herramientas e invitaciones. Su niño no puede sostener una escoba de tamaño normal y usarla de manera efectiva. Para invitar a su hijo a ayudar a barrer, consígale una herramienta de su tamaño. No se apresure a comprar un montón de utensilios de limpieza domésticos que sean del tamaño de un niño. Gran parte de la limpieza se puede hacer sin comprar nada porque puede usar toallas de papel, paños, botellas de aerosol y esponjas para la mayor parte de la limpieza de su hogar.

Entonces, una vez que tenga las herramientas, o haya encontrado ese artículo que su párvulo puede manejar fácilmente, puede pasar a la invitación. La invitación es su extensión para su niño de que hará una actividad, y ellos pueden hacerlo con usted. Esto es tan fácil como pedir ayuda. Podría decir: "Voy a buscar la ropa para lavar; ¿puedes ayudarme a doblarla?". Con el encuadre correcto, puede presentar esto como algo que harán juntos en lugar de algo que usted hará, y ellos pueden dejarla sola o ir con usted.

Ahora bien, mencionamos anteriormente que nos ayuden nos encanta, pero los párvulos también son destructivos, incluso si no lo hace a propósito. ¿Cuántos padres han doblado y apilado la ropa limpia solo para darse la vuelta y encontrar a su hijo de dos años arrojando artículos doblados al aire? Incluso si no todos los padres han experimentado esto, estoy dispuesto a apostar que hay unos pocos que conocen la situación. Preste mucha atención al lenguaje que usa a medida que da seguimiento a esa invitación. En lugar de decir que se salga del camino, podría decir discúlpame. Si pierden un algo, en lugar de decir: "Oh, lo perdiste bla, bla", puede sonar mejor que "¿Puedes intentarlo ahora?".

La experiencia Montessori siempre vuelve a la libertad con restricciones. El hecho es que *la casa no va a mantenerse sola*. Otro hecho es que ningún adulto debe ser el único responsable de limpiar la basura de varias personas. Su párvulo vive en la casa y eventualmente debe aprender a ayudar a mantener la casa. Esto no tiene por qué ser desagradable, y no la llame tareas, y no tiene por qué ser una obligación de mala gana para nadie en la casa. Cuando regrese a la libertad con restricciones, su párvulo tiene la libertad de ayudarla y contribuir a la casa, y al hacerlo, será una parte más importante del hogar. La restricción es que cuando el ambiente no está limpio ni ordenado, todos en la casa lo sienten. Alguien tiene que limpiar, y si su párvulo elige no participar o no involucrarse en la invitación, entonces se enterará cuando intente involucrarla a usted y esté realizando estas actividades. En ese momento, está ocupada.

Muestre, Muestre, Muestre, Luego Observe y Siempre Participe

"Dímelo y lo olvidaré, enséñame y tal vez lo recuerde, involúcrame y tal vez aprenda". Esta es una cita muy conocida de Benjamín Franklin. Aunque nació mucho antes de que María Montessori presentara el concepto de participación y compromiso a los niños, tuvo la idea correcta. Puede mostrarle y decirle a su niño. Sin embargo, es solo al involucrar a su hijo que aprenderá efectivamente las habilidades para la vida necesarias para mantener una casa propia algún día.

Como párvulo, no espera que mantenga girando los engranajes de la casa. Simplemente espera que lo involucren y ayude en una capacidad muy pequeña. No le está asignando tareas a su niño. Tampoco le está dando un trabajo para hacer de forma regular. Mediante el uso de la enseñanza de María Montessori, sabemos que modelar el comportamiento que queremos de nuestros hijos es la mejor manera de producir resultados deseables. Sabemos que incluso cuando no acepten nuestra invitación para ayudar a limpiar si lo hacemos, verán que es parte de una rutina diaria.

Muéstrele a su párvulo cómo hacer cada actividad y tal vez incluso cuéntele el proceso. Luego, cuando quiera ayudar, tómese un momento para observar sus acciones. Siempre es un beneficio ver cómo los párvulos y los niños han aprendido tanto con solo vernos trabajar. Pero no es suficiente mostrarle a su pequeñito y luego observar cuando está en acción. Necesita continuar esa línea abierta de comunicación y participación.

Algunos padres programan tiempo para limpiar y reconocen que su párvulo o niño que son bienvenidos a ayudar. Otros padres emplean pequeños momentos para recoger e invitar nuevamente a sus niños pequeños a ayudar. Cualquiera de los dos métodos funciona. Puede ser firme o flexible. Lo importante aquí no es cómo lo haces. Se trata de involucrarlos en el proceso y mantener esa participación constante. La vida práctica es una fuerza impulsora entre los padres y educadores Montessori. Estos también son parte de la vida cotidiana, desde recoger la ropa del suelo hasta devolver objetos a su hogar. Deben desarrollar habilidades para la vida y ayudar en la casa es una excelente manera de comenzar a introducir estos elementos de la vida práctica.

Capítulo 8: Música, Movimiento y Montessori

Una cita famosa de María Montessori aborda el tema de la música directamente. Dice: "Debe haber música en el entorno del niño, al igual que existe en el ambiente lenguaje hablado. En el entorno social, se debe considerar al niño y se le debe proporcionar música". María Montessori afirma una correlación directa entre música, el movimiento y el desarrollo. La música es en sí misma, un lenguaje. Sin embargo, a diferencia del inglés, italiano, español, francés o cualquiera de los otros idiomas que hablamos, la música trae movimiento. La música vincula la comunicación con nuestro cuerpo físico y estas actividades exploran la música y el movimiento para que encaje en el modelo Montessori.

Algunas de estas actividades y métodos de interacción se derivan directamente de la enseñanza Montessori ancestral. Otras confían en la información y tácticas más nuevas y en la introducción de la música a los niños pequeños. De cualquier manera, la música es una excelente manera de divertirse.

Lo Que Aprenden Los Niños de la Música y el Movimiento

La música mejora la comprensión lectora, el sentido numérico, el desarrollo sensorial, mejora el estado de ánimo y la coordinación física. La música también es una forma fundamental de construir el vocabulario de un niño pequeño. Básicamente, si quiere llevar la disciplina Montessori a su casa, la música debería desempeñar un papel importante en ese plan. La música puede ser una forma de redirigir a los niños hacia las interacciones positivas o, utilizada como un estimulante del estado de ánimo, puede hacer que las rabietas sean más fáciles de controlar.

Desde la época de Platón sabemos que la música tiene esta habilidad incluso a una edad temprana. Platón dijo esto sobre los niños y la música:

> *"Enseñaría a los niños; música, física y filosofía, pero lo más importante, música, porque los patrones en la música y todas las artes son las claves del aprendizaje". - Platón*

La música proporciona un delicado equilibrio entre las matemáticas y el ámbito físico. Logra ese equilibrio al mismo tiempo que fomenta la creatividad y la exploración sensorial. Los procesos de experimentación y creación de participar en la actividad musical están más allá de todo valor. Acelera el desarrollo cerebral y sensorial.

Debido a que los niños imitan naturalmente nuestros movimientos y comportamientos, todos podemos enseñar sin proporcionar "instrucción". De esta manera, nuestros niños observarán y modelarán nuestros movimientos y hábitos. Cuando desarrolle su interés en la música, solo tiene que comenzar presentándole las herramientas, recursos y, por supuesto, material de origen.

Algo importante es que no debe forzar a los niños a estudiar las partituras. Aunque muchos consideraron a Mozart como un prodigio, es más probable que su padre, un músico y compositor capacitado, le influyera para desarrollar su formación. No se preocupe todavía por el entrenamiento formal. Recuerde siempre que la enseñanza y los modelos Montessori se centran en que el niño encuentre lo que le interesa y explore ese interés de forma libre y creativa.

¿Cuándo se convirtió la música en parte del modelo Montessori?

El desarrollo sensorial auditivo fue uno de los primeros cambios importantes que hizo María Montessori después de observar a los niños. Los niños de las escuelas tradicionales fueron sometidos a diferentes estímulos visuales, pero el estímulo auditivo fue significativamente deficiente. A lo largo de los años se promovieron actividades musicales, como canciones infantiles, campanas, instrumentos de fácil manejo y danza. La interpretación de la música y el movimiento no solo aborda la necesidad del desarrollo sensorial auditivo, sino también de desarrollar la coordinación y las habilidades motoras gruesas y finas.

Como con todas las cosas del modelo Montessori, a través del refinamiento e introducción del estímulo auditivo, María Montessori se aseguró de que la música y el movimiento crearan un ambiente de aprendizaje cooperativo. Todas las actividades mencionadas aquí ayudan a crear un ambiente cooperativo y bien organizado al mismo tiempo que promueven el trabajo y la instrucción independientes.

María Montessori reconoció que tener música alrededor, con o sin palabras, puede ayudar a los niños a identificar patrones de sonido y a aprender debido a la repetición. La música también ayuda a los niños a aprender la anticipación y a predecir lo que vendrá después debido a los patrones en esa repetición. Los niños que tienen una exposición frecuente a la música dominan la lectoescritura y la aritmética a edades mucho más tempranas. Al vincular la música con el movimiento y la danza, pueden aumentar su nivel de destreza y habilidades con fuerza, equilibrio y desarrollo muscular.

Al comienzo del desarrollo del método Montessori, se hizo evidente que el amor natural de los niños por la música y la creación de sonidos era una parte integral de la experiencia de aprendizaje.

Cómo Llevar Música A Su Hogar

Es posible que su hogar ya tenga incorporada una gran cantidad de música. Todos vimos lo rápido que despegaron canciones como un tiburón bebé, y es evidente que los padres todavía están muy involucrados en introducir rimas infantiles y cantar canciones a sus hijos. Sin embargo, es una lucha llevar más música al hogar y reducir el tiempo en el televisor o la pantalla. Incluso con grandes éxitos como Tiburón Bebé y rimas infantiles reinventadas a través de la animación con compañías como Canciones Super Simples, el niño todavía está frente a una pantalla.

Un elemento del desarrollo sensorial al que María Montessori regresó repetidamente fue que dicho desarrollo debería intentar enfocarse en un sentido a la vez. Si es posible, reduzca el tiempo en que promueve la música junto con el estímulo visual. Incluso tener música de fondo puede cambiar drásticamente el estado de ánimo y la sensación del entorno.

No todas las actividades musicales tienen que eliminar las pantallas y no todas las actividades musicales requieren baile. Pero confiar en actividades que involucran movimiento (o un estímulo adicional) puede promover el compromiso con el niño. Los párvulos no solo son curiosos por naturaleza, sino que también son creadores naturales de música.

Nos sumergiremos en actividades específicas, pero por ahora, aquí hay algunas formas extremadamente fáciles de llevar música a su hogar.

- Siempre que sea posible, ponga música o la radio

- Deje los instrumentos fuera con frecuencia para interactuar.

- Cante lo que está haciendo (¡es más común y menos extraño de lo que piensa!).

Simplemente narre lo que hace con un ritmo de canto y escuche a su párvulo hacer lo mismo.

Cuando busque ideas sobre la transmisión, siempre puede sintonizar un canal clásico local o incluso su estación de radio favorita. Si usa un servicio de transmisión, puede buscar "canciones felices", "canciones para párvulos" o incluso "música feliz". La música debería servir como estímulo, pero también como estimulante del estado de ánimo. ¿Quién no quiere un párvulo feliz? Parte de aprovechar esa esencia de niño feliz son las medidas preventivas, y la música podría ser la clave para que su niño se ponga de buen humor temprano en el día.

Herramientas

Quiere una variedad de instrumentos, algunos que necesite manejar y otros que las manos pequeñas puedan agarrar e interactuar fácilmente a diario. Y querrá, por diversas razones, una amplia gama de sonidos. Hay momentos en los que puede recurrir a instrumentos más suaves, pero cuando los niños quieren hacer grandes sonidos, debería tener ambas opciones disponibles.

Por muchas razones, la mayoría de los padres no quieren las campanas Montessori en sus hogares. No hay culpa ni vergüenza en no traer las campanas a casa. Algunos padres han creado campanas Montessori de bricolaje y las han colocado intencionalmente afuera. Las campanas Montessori son ruidosas y no siempre agradables. Sin embargo, brindan muchas oportunidades de exploración dentro de una escala. Si puede llevar las campanas a su casa, deles una oportunidad.

Consulte esta lista para conocer las posibles herramientas de música y movimiento para llevar a su hogar:

- Xilófonos o un metalófono pentatónico
- Bongos o tambores de conga
- Maracas
- Castañuelas
- Palitos de cascabeleo
- Pandereta
- Ukelele
- Cilindros de sonido
- Bloques de tono
- Palillos de lluvia y truenos

Haga que los Párvulos se Muevan con estas Actividades de Música y Danza Montessori

Hacer que su párvulo se interese comienza con la presentación. Si puede, dedique un estante a artículos musicales. Ese estante debe estar al nivel de su hijo y luego colocar cada instrumento en una canasta o cubículo. Sin embargo, también puede ponerlos todos juntos en una caja o sacarlos cuando pueda haber más ruido en la casa.

Una vez que decida cómo exhibirá o proporcionará los instrumentos, puede pasar a algunas actividades. Algunas de estas son muy simples y otras brindan instrucción.

Tiempo de Canto

Pueden cantar juntos o turnarse. El tiempo para cantar es una gran oportunidad para explorar el tomar turnos. Pero también es una excelente manera de estimular la memoria. Comience tarareando el principio de una melodía familiar y luego pídale al niño que cante la canción. También puede usar pistas para cantar en las que se reproduce la música, pero no la letra. Es muy parecido al karaoke.

Puede iniciarlo con una canción familiar y luego pasar a cantar canciones nuevas en las que puedan desarrollar su vocabulario y repertorio.

Danza Coordinada

Puede lograr un tiempo de baile coordinado de varias maneras. Primero, puede poner un video de YouTube de un baile o una canción infantil coordinada como Tiburón Bebé. En segundo lugar, puede guiar a su párvulo a través de bailes que quizás ya conozca, como Soy una Pequeña Tetera.

La danza coordinada debe ser la introducción a la danza. Puede entregarle las riendas a su párvulo una vez que parezca que lo ha logrado.

Danza Libre

Los tapetes o alfombras son excelentes para las sesiones de danza libre. Coloque una esterilla de yoga o dedique una alfombra a bailar. Encienda la radio y déjelos agitar, rebotar y descubrirlo. La mejor forma de realizar actividades de baile es modelar. El método Montessori se basa en gran medida en que los padres o el maestro modelen la actividad o el comportamiento. Si está buscando formas divertidas de conectarse con su párvulo sin dejar de usar el método Montessori, bailar es una gran oportunidad.

Caminar por la línea

No necesita a Johnny Cash para caminar por la línea, pero caminar en la línea es una actividad divertida específicamente para la música clásica. Use cinta (cinta aislante es excelente para esto) y coloque una línea en el suelo. La línea puede ser recta, un círculo, un logo & o incluso una clave de sol si quiere ser elegante.

Luego ponga música clásica y haga que se muevan a lo largo de la línea en respuesta a la música. Pueden moverse al ritmo, a la melodía o simplemente en respuesta a sus emociones.

Canciones que Involucran Movimiento

¿Ha escuchado "Un dedo meñique" o "Cabeza, hombros, rodillas y dedos de los pies"? Si es así, entonces ya conoce algunas canciones que involucran movimiento. Puede hacer que su párvulo vibrante e inconsciente cante a todo pulmón mientras también aprende partes del cuerpo y cómo seguir instrucciones.

Uno de los principales conceptos erróneos en el Método Montessori es que no se debe dar ninguna dirección. Incluso los maestros Montessori parecen tener dificultades con este concepto, ya que ofrecen consejos como "No me encuentro dando instrucciones a menudo" o "Dejamos que los niños decidan". El niño aún puede decidir si quiere participar o no, pero está bien decir " Mira a mamá / papá" y luego poner la canción o cantarla y bailar. Pueden participar o no.

Estas canciones promueven el compromiso, el movimiento, la interacción y la conciencia corporal. También son muy divertidas para hacer con su hijo. La música que involucra el movimiento no es realmente el momento para las observaciones.

Pruebe estas canciones:

- Araña Itsy Bitsy
- Bebé Tiburón
- Párate, Siéntate
- Este dedo meñique
- Fiesta de Congelar la Danza
- Muévete Baila
- La Canción del Avión
- Cinco Monitos

Busque los pasos de baile, pero si tiene acceso a las canciones, siempre puede inventar sus propios bailes.

Músicos de la Enseñanza Montessori

Los músicos son bien conocidos por emerger de la enseñanza Montessori. A diferencia de los prodigios de antaño, como Mozart, estas personas no fueron instruidas en prácticas fundamentales. En cambio, se trata de permitirles explorar, probar nuevos sonidos y aprender las restricciones físicas con respecto a la música.

Cada músico recibió elogios mundiales. Ahora bien, no hay garantía de que su hijo se convierta en una sensación internacional en ningún género. Sin embargo, el tiempo que pasa con su hijo, lo que le permite explorar la música, puede desarrollar una pasión para toda la vida. La música puede afectar drásticamente a su hijo si se lo permite, y estas personas famosas lo demuestran.

Taylor Swift

El primero de los ganadores del premio Grammy en nuestra lista, Taylor Swift, es un nombre familiar. Fue anunciada como la Artista del Año más joven de la música country y asistió a la Escuela Alvernia Montessori, en el condado de Berks, Pensilvania. Ella aplaudió ampliamente las enseñanzas Montessori para niños pequeños e incluso donó directamente a la escuela Montessori a la que asistió.

Yo-Yo Ma

Con 15 Grammy, una Medalla Nacional de las Artes y reconocido como un niño prodigio violonchelista, Yo-Yo Ma se distingue de muchos músicos. ¿La razón de esto? La capacidad de pensar fuera de las definiciones y restricciones tradicionales en la música al perseguir sus propios intereses. Como Embajador de la Paz de las Naciones Unidas, está claro que el deseo de seguir creciendo y mejorando su versatilidad se alimentó temprano.

Joshua Bell

El violinista galardonado Joshua Bell también participó en un experimento cultural, que se convirtió en una historia ganadora del premio Pulitzer. Bell, de fama internacional, comenzó a experimentar con la música a los tres años y, a los cuatro, tocaba el violín. Comenzó su educación con el Método Montessori. Como muchos, en algún momento, se destacó y fue colocado en la educación estándar. El primer disco de Bell salió en 1988 y todavía está creando música.

Beyonce Knowles

Beyonce comenzó en Houston, Texas. Durante su carrera, ganó 22 Grammy, apareció entre las 100 personas más influyentes del mundo de la revista Time y vendió más de 100 millones de discos. Su amor por la música comenzó temprano. En la Escuela Montessori St. Mary's en Houston, Knowles asistió a clases a una edad muy temprana. Cuando tenía siete años, ganó un concurso de talentos. Continuó en St. Mary's Montessori hasta tercer grado y todavía le da crédito a la escuela por empoderarla y fomentar su amor de por vida por la música y el aprendizaje.

Capítulo 9: Aprendiendo Nuevas Habilidades al Estilo Montessori

Aprender nuevas habilidades, incluido el desarrollo del lenguaje, el habla, la lectura, el sentido numérico, la escritura y mucho más, es posible a través de los métodos Montessori. Estos métodos son formas útiles no solo de hacer que el aprendizaje sea divertido, sino también de introducirlo en las actividades cotidianas. No tendrá que sentar a su niño y decirle: "Bueno, hoy estamos aprendiendo a escribir". En cambio, la nueva habilidad surgirá de forma bastante natural.

La capacidad de aprender nuevas habilidades y participar en nuevas actividades con confianza es una parte fundamental de las técnicas de aprendizaje Montessori. Este factor también es lo que impulsa a las personas hacia el modelo Montessori. Cuando uno tiene niños de dos y tres años que saben ir al baño y que pueden escribir y deletrear su nombre, es bastante impresionante. Ahora, recuerde que Montessori no aboga por comparar y contrastar los niveles de desarrollo de los niños. Aun así, es difícil no ver el éxito desenfrenado del desarrollo de habilidades en la comunidad Montessori.

Desafíos Que Tienen Los Padres y Maestros de Montessori Para Adaptarse a Los Nuevos Métodos de Desarrollo de Habilidades

Deberíamos dedicar al menos un momento para abordar el desafío que enfrentan los maestros y padres Montessori. Esta no es la técnica estándar y muchos adultos tienen problemas para permitir que los niños dirijan por sí mismos su aprendizaje temprano. La idea de que la lectura, el sentido numérico y el desarrollo del lenguaje pueden ser autodidactas o auto dirigidos es ajena a nuestro sistema educativo estándar.

Sin embargo, es en gran parte ese sistema educativo predeterminado o tradicional el que causa estos problemas de percepción. Los niños no solo pueden desarrollar un interés por la lectura, el lenguaje y los números por sí mismos, sino que también pueden explorar ese interés con avidez si tienen las herramientas adecuadas. Durante la observación Montessori, los niños pueden dirigir mejor el aprendizaje, ya que están naturalmente inclinados a crear juegos.

Aprender el sentido numérico, aprender a leer, aprender el alfabeto y aprender a escribir pueden ser juegos presentes en el elemento natural del niño-

Habilidades del Lenguaje y el Habla

Las habilidades del lenguaje y el habla se remontan directamente al núcleo de la práctica Montessori. Muchos de los elementos necesarios para desarrollar el lenguaje y las habilidades del habla dependen de las herramientas clásicas de Montessori. Estas herramientas pueden incluir letras de papel de lija y letras o tarjetas fonéticas. Haga que el niño dirija y ofrezca perspicacia en lugar de corrección. Sin embargo, el idioma es un tema particularmente problemático dentro del idioma inglés.

Por ejemplo, el inglés es un idioma difícil de relacionar directamente con los sonidos fonéticos. Gran parte de este idioma tiene ortografías y letras silenciosas, lo que cambia el sonido central de la palabra de su pronunciación fonética. Por ejemplo, "bear" (oso) no suena como "b", "eh", "ah", "rr", suena como "bare" (desnudo), y esa es una palabra diferente. Parece que estamos complicando demasiado el asunto, pero darles a los niños una aplicación real de la fonética se hace simplemente con letras de papel de lija. Pídales que elijan la letra que coincida con el sonido que usted hace.

Actividad

Usando letras de papel de lija, lea un libro o lea una canción infantil. Mientras dice una palabra o enfatiza un sonido, señale la letra que hace suene igual.

- "Ka" - C
- "Be" - B
- "De" - D

Después de que se lo señale durante un tiempo, su hijo replicará su comportamiento. Puede notar rápidamente que conducirán felizmente este juego por su cuenta. Incluso pueden jugar sin usted, pero darles lo básico o los elementos fundamentales es el punto de partida que necesitan.

¿Qué herramientas necesita para el desarrollo del lenguaje y el habla? Intente tener estas herramientas a mano:

- Alfabeto móvil

- Letras de papel de lija

- Libros de cartón (sus favoritos están bien, incluir a autores como el Dr. Seuss o Eric Carle, que evocan rimas y repeticiones)

- Objetos o imágenes en tarjetas didácticas

Actividad

Una actividad particularmente divertida es permitir que el niño haga coincidir un elemento con una tarjeta ilustrada o tarjeta de memoria. Dele una caja o balde con artículos pequeños y un juego de tarjetas con cosas que combinen. Una carta con una bola, por ejemplo, coincidiría con la bola de pelotero de la cubeta. Su hijo puede dirigir esta actividad por sí mismo. Es posible que no comiencen a combinar elementos, pero deles un poco de tiempo y lo resolverán.

Una variante de esta actividad es proporcionarles un balde de artículos y luego usa letras de papel de lija. Luego recoja un artículo. Puede preguntarle ¿qué sonido coincide con este "Ooooso" o "Zzzzebra"?

El primer sonido es importante al principio, pero puede volver rápidamente a decir la palabra de forma natural. No dirija todas las actividades como esta y no es necesario que las corrija si dicen algo un poco extraño. Si están diciendo abiertamente la palabra incorrecta, entonces siéntase libre de decir la palabra correcta y mostrar cómo producir el sonido correctamente.

Habilidades Numéricas y Desarrollo de Conceptos

En realidad, las habilidades numéricas nos resultan mucho más naturales de lo que el sistema escolar tradicional nos hace creer. Es a través de la rigidez de memorizar tablas de multiplicar y ejecutar ejercicios matemáticos que las personas sienten que son inherentemente malas en matemáticas o que las matemáticas son complejas. De hecho, las habilidades numéricas son algunas de las primeras habilidades que aprendemos en términos de trabajo mental. Los niños pequeños no solo pueden aprender a contar a una edad temprana, sino que también comprenden el valor y comprenden los conceptos de menos y más.

Estas actividades son formas interesantes de hacer que su hijo ejercite su sentido numérico sin tener que llevarlo a través de una lección de matemáticas.

Actividad

Las tarjetas de copos de nieve son bastante fáciles de encontrar y usted mismo puede hacerlas fácilmente. Cree o use tarjetas con algunos diseños de copos de nieve diferentes, específicamente aquellos que tienen un número diferente de ramas. Tenga dos de cada diseño.

Los párvulos pueden hacer coincidir las tarjetas o contar las ramas de los copos de nieve. Después de un tiempo, es posible que observe que su niño pequeño ordena las tarjetas de la mayor a la menor cantidad de ramas o al revés.

Actividad

Los gráficos de bolsillo decimales las herramientas de bolsillo abiertas que cuelgan contra la pared. Los niños o los párvulos pueden manejar su alfabeto en movimiento o números en movimiento moviéndolos en la pared dentro del bolsillo con decimales.

Para esta actividad, no se centre en ordenar los números de inmediato. En su lugar, concéntrese en usar los números para ayudar en las rimas infantiles e historias pequeñas. Puede usarlos para ayudar a su niño a seguir el ritmo de rimas como "5 monitos" o "5 ranitas moteadas".

Y puede usar números en una historia. Puede inventar historias, hacer que su niño pequeño invente historias o simplemente pasar el día. Por ejemplo, puede comenzar, "Hoy nos despertamos a las ocho" (luego use el número ocho en el bolsillo decimal) y continuar con "*Tendremos un bocadillo a las diez*". En realidad, puede ser más elaborado enfatizando el número de cualquier cosa. "*Viste a Tinkerbell y sus cinco hadas amigas*". O "*Compramos una gran jarra de leche en la tienda*".

Desarrollar Habilidades de Escritura

La escritura no solo incluye el lenguaje. También incluye números. Algunas excelentes herramientas Montessori vienen con el desarrollo de habilidades de escritura, y todas se presentan como juegos o actividades divertidas.

Hay actividades para desarrollar las habilidades de escritura que ocurren tanto durante el proceso de aprendizaje de la escritura como antes de la escritura. Con las actividades previas a la escritura, se concentrará en desarrollar ese agarre de pinza y el movimiento de la mano. Eso sucede a menudo con objetos de madera, artículos apilados y artículos anidados.

Para ayudar a desarrollar un agarre de pinza, permita que su hijo use pinzas durante las actividades de clasificación o que sostenga crayones o lápices de tamaño estándar. Puede ser más fácil para los niños más pequeños manipular crayones en forma de huevo o crayones de gran tamaño, pero usar ese tamaño estándar les ayudará a desarrollar los músculos que necesitan para manejar un bolígrafo o un lápiz de manera adecuada.

La herramienta de escritura más notable del método Montessori es la escritura con sal o una bandeja de sal. Puede usar letras de papel de lija, números de papel de lija o recortes de números y letras para ayudar al niño a trazar la forma con el dedo. Luego hacen el mismo movimiento en la bandeja de sal para escribir el número o letra. No necesita una bandeja elegante o incluso recortes de letras elegantes. Puede realizar esta actividad con un presupuesto limitado, y si aún no ha invertido en letras o números de papel de lija, simplemente puede escribirlos usted mismo y hacer que su hijo rastree lo que ha escrito. Lo único que hay que tener en cuenta aquí es que la sal del Himalaya o la sal kósher funcionan mejor porque los gránulos no son tan finos y no volverán a caer en esos agujeros tan rápido. También puede usar la misma sal repetidamente. De ninguna manera está desperdiciando sal.

Finalmente, lo dejaremos con una actividad que puede crecer con su hijo y ayuda al elemento de escritura de construcción de historias. Use una pizarra o una pizarra de borrado en seco para animar a su hijo a explorar la escritura de forma independiente. La mayoría de los padres modernos prefieren las pizarras de borrado en seco a una pizarra, pero recuerden que las pizarras son más difíciles de limpiar y que pueden obtener una mayor sensación de recompensa al ver que su trabajo permanece en su lugar en lugar de frustrarse porque el lápiz de borrado en seco se borra sin querer.

Es posible que ni siquiera utilicen palabras para escribir. Pueden comenzar a contar historias con imágenes. No se preocupe porque son los mismos músculos que sostienen ese trozo de tiza o ese marcador de borrado en seco los que usarán para elaborar letras y números más adelante en la vida. La narración a menudo se descuida en las escuelas tradicionales hasta que llegan a grados posteriores. En cambio, los maestros de jardín de infantes y los maestros de primer grado a menudo proporcionan historias en lugar de involucrar al niño en la construcción de historias. Al permitir que su hijo cree una historia a través de imágenes o palabras en una pizarra o una pizarra de borrado en seco, desarrolla dos habilidades a la vez. Además, contar historias es una forma atractiva de mantener a su hijo interesado en escribir y perseguir ese interés.

Las actividades pueden ayudar a cultivar el interés en el sentido numérico, la lectura y la escritura. Es importante reconocer que, a diferencia de las escuelas tradicionales, los niños Montessori a menudo aprenden a escribir y leer cuando están aprendiendo el alfabeto y los números. En lugar de escalonar la etapa de aprendizaje desde aprender el alfabeto hasta leer y escribir el alfabeto, el proceso de aprendizaje es continuo. Puede parecer que los niños pequeños tardan más en aprender el alfabeto o los números si también están aprendiendo a leerlos y escribirlos. Sin embargo, llegará a un punto en el que todo encajará en su lugar.

Usar las tres actividades a la vez, aprender a leer, escribir y usar el sentido numérico también le permite a su hijo utilizar su poca capacidad de atención. Esto no es algo de lo que la mayoría de los padres se aprovechen a menudo, pero los niños pequeños tienen un período de atención corto. No intente sentar a su párvulo y enseñarle a escribir durante 30 minutos seguidos. En su lugar, utilice actividades divertidas para participar en la escritura, la lectura y el aprendizaje numérico. De esa manera, pueden saltar de una actividad a otra y ni siquiera se dan cuenta de que están aprendiendo y desarrollando la misma habilidad.

Capítulo 10: Artes y Manualidades Interesantes para Párvulos Creativos

En general, el método Montessori involucra a los niños de una manera que promueve la creatividad. El desarrollo de la creatividad a una edad tan temprana ha cambiado drásticamente la vida de muchos que crecieron con la educación Montessori temprana, incluso si ingresaron a los sistemas educativos tradicionales o estándar después. La creatividad se presta a nuestra capacidad de pensar analíticamente y sumergirnos en la resolución de problemas.

Sin creatividad, no podemos analizar datos. No podemos construir ni edificar estructuras. No pudimos resolver los problemas del mundo. Aunque parece una escala fuera de proporción para los niños pequeños, todo se reduce a eso. Los párvulos creativos se convierten en nuestros solucionadores de problemas estratégicos. Hemos reconocido en otros capítulos a algunas estrellas de la educación Montessori, y entre ellas se encuentra Will Wright. El creador de los Sims produjo, construyó y continúa generando algo que la industria de los videojuegos no había visto antes. Ofreció una solución a la cultura de los videojuegos violentos o los videojuegos basados en historias. Presentó un mundo de caja de arena para que la gente lo explore a través de un avatar de su propia creación.

Ahora bien, ¿por dónde empieza la creatividad? Con el entorno Montessori, debe haber una variedad de herramientas creativas y salidas para el niño. Los niños pequeños son creativos por naturaleza, posiblemente porque no tienen nociones preconcebidas sobre cómo deberían funcionar ciertas cosas. No toman un crayón y piensan: "Ay, necesito un trozo de papel", se giran directamente hacia la pared y se ponen a trabajar. En este capítulo, analizamos las artes y manualidades específicas en las que se destacan los niños pequeños, y abordamos las herramientas que necesita para estas actividades.

Las Artes y las Manualidades Crean Imaginación y Más

Las artes y las manualidades fomentan la imaginación, la creatividad, la confianza en uno mismo, estimulan la auto exploración, pero también ofrecen muchas habilidades tangibles o prácticas. Mientras que algunos padres animan a los niños a buscar esfuerzos creativos por el bien de su imaginación y creatividad, otros están más preocupados por los elementos del mundo real. No se preocupe; si es un padre que se preocupa más por las matemáticas y las ciencias, no está solo. Pero el arte y las matemáticas no son tan diferentes.

Hay reglas básicas que vienen con el arte, y su hijo las aprenderá de forma natural. Hay habilidades para la vida que vienen con la artesanía. De hecho, las artesanías juegan un papel en sistemas como *Niñas y niños exploradores de América* porque desarrollan habilidades para la vida y confianza en sí mismos.

Cosas para Tener en Cuenta

Hay algunas cosas que usted debe recordar al presentar a su hijo las artes, las manualidades y las nuevas actividades que involucran creatividad. Primero, el material siempre debe ser accesible o estar a la altura de su párvulo.

Es posible que tenga una preocupación inicial de que su niño pequeño tenga acceso a sus crayones en todo momento sin supervisión, pero hay formas de evitar esa preocupación. Siempre puede elegir pintura, crayones y marcadores lavables o que no ensucien. Y Crayola tiene una línea Color Wonder que solo funciona cuando los bolígrafos o la pintura entran en contacto con un papel especial. Esto es excelente para los padres que desean que los materiales estén disponibles todo el tiempo, pero tampoco los quieren en todas las paredes o el piso.

Lo segundo que hay que recordar es la calidad de los materiales. ¿Alguna vez ha intentado colorear con crayones medio derretidos? Si bien no es imposible y debemos esperar que nuestros hijos desarrollen recursos, si comienza con materiales de alta calidad, durarán más y será más agradable trabajar con ellos. Los niños pequeños se frustran fácilmente, y si se sienten frustrados cada vez que van a su caja de crayones o pintan, simplemente dejarán de interactuar con esos artículos. Los párvulos son maestros de la evasión para poder manejar la frustración.

Finalmente, uno de los elementos más importantes a considerar al armar kits de manualidades o material para un niño pequeño es que menos, es más. Una de las lecciones recurrentes del método Montessori es que no debemos estimular demasiado a los niños ni brindarles demasiadas opciones. No necesita un reloj de bolsillo con todos los colores bajo el sol. Menos suministros proporcionan una mayor exploración porque se basa en el ingenio natural.

Pero espera, ¿qué pasa con esos grandes pintores que tienen botellas y botellas y botellas de diferentes colores? Para dar un poco de contexto, el conocido pintor Bob Ross trabaja con solo 13 colores. Cada una de las pinturas de Ross se basó en 13 colores fundamentales, y los mezclaba mientras pintaba. Los párvulos no necesitan los 13 colores. Es un poco cómico pensar que le estoy entregando niño de dos años a Alizarin Crimson. De hecho, puede comenzar solo con los colores primarios. El rojo, el amarillo y el azul se pueden mezclar fácilmente para crear una amplia variedad de opciones de pintura.

Con crayones y marcadores, puede diversificarse en un paquete de 7 o 10, donde pueden tener acceso a una variedad más amplia, pero aún no se sienten abrumados con las opciones.

No desanime a su hijo de usar artículos para el hogar. Si su párvulo decide que una toalla de papel es mejor que papel de copia o papel marrón, déjelo pasar. Quizás la textura de las toallas de papel los incita a probar algo nuevo. Son estos pequeños momentos de pensamiento creativo los que no quiere dejar de lado.

Actividades

Entonces, ¿qué actividades puede hacer su niño pequeño? Como la mayoría de las otras secciones de este libro, pensar en las restricciones de su párvulo está un poco fuera de lugar porque el ámbito de la creatividad y la artesanía es casi infinito. Tenemos una colección de actividades aquí que pueden ayudarlo a comenzar, pero siéntase libre de involucrar su propia creatividad y explorar con su hijo cuántas opciones de artes y manualidades hay realmente en su hogar. Es una forma divertida de conectarse con sus hijos.

Actividad de Recortar y Cortar

Dependiendo de dónde se encuentre, la actividad de recortar y cortar podría ser uno de los mejores o peores consejos para padres que haya escuchado. En Montessori, los niños reciben herramientas que son seguras, pero que requieren supervisión. La actividad de recortar y cortar no es algo con lo que dejaría solo a su hijo; esta es una gran actividad para un período de observación en el que está sentado cerca y lo vigila con atención.

Dele a su niño un par de tijeras aptas para niños y una pila de cartulina. Descubrirán qué hacer rápidamente, aunque intenten cortarse el pelo. Con su hijo recortando papel de construcción, están desarrollando un agarre de pinza, pero también están creando formas.

Si comienzan con una pieza cuadrada o rectangular de cartulina, cualquier cosa que corten es una forma.

Sin saberlo, están creando triángulos, círculos, rectángulos, rombos y más. ¿Qué sucede con la actividad de recortar y cortar? Debido a que es en gran parte auto dirigido, encontrarán formas innatas de captar estas formas. Todavía no tienen un nombre para dar a estas formas y no se dan cuenta de que existen formas adecuadas de crear una forma. Están tomando actividad bruta y refinándola lentamente. Para la actividad de cortar y recortar, el niño pronto se dará cuenta de que surgen algunas formas consistentes de su actividad, y luego tratará de recrear esas formas una y otra vez. En unas pocas semanas, es posible que note que su hijo pasó de cortar los lados del papel a cortar con cuidado la forma de un diamante.

Actividad de Pinceles No Convencionales

A la edad de dos o tres años, es probable que su hijo haya tenido alguna experiencia con los pinceles y puede ser divertido cambiar la herramienta. Esta es una actividad creativa que fortalece los músculos del cerebro para resolver problemas. ¿Imagine si fuera a escribir una carta y no tuviera ni bolígrafo ni lápiz? ¿Qué haría? Eso es lo que le está proponiendo a su hijo.

Al igual que muchas otras actividades a lo largo de este libro, esta actividad es auto dirigida. Evite que su hijo use su pintura, una hoja de papel o un lienzo y, en lugar de ofrecer pinceles, dele pompones, pequeños cuadrados de fieltro, limpia pipas retorcidos e incluso envoltorios de plástico arrugado. ¿Cuánto tiempo pasa antes de que experimenten con los diferentes resultados de cada nueva herramienta de pintura? ¿Tienen un favorito que parecen preferir? Puede mezclar esto cambiando los pinceles aproximadamente a la mitad de la actividad. Si su hijo parece perder fuerza, ofrézcale un pincel y vea si lo prefiere a las herramientas alternativas que le ha ofrecido.

Actividad de Perforaciones de Papel en Mosaico

Si tiene un puñado de cartulina a mano, puede tomar una buena perforadora a la antigua y dedicarse con entusiasmo. Si tiene perforadores especializados, puede proporcionar círculos más grandes o diferentes formas. En las escuelas tradicionales, esto se alinea con una actividad similar destinada a los estudiantes de secundaria, en la que usan pequeños perforadores para hacer muchos círculos pequeños y luego los usan para cubrir una imagen existente.

En esta actividad, le proporcionará a su párvulo los restos de la perforadora, los pequeños círculos y una hoja de papel en blanco. El papel ligeramente pegajoso funciona de manera excelente. Sin embargo, también puede tomar una barra de pegamento y aplicarla generosamente sobre el papel para que todo lo que caiga se pegue.

Los niños pequeños pueden aplicar los restos de la perforadora al papel, apilarlos, lanzarlos como confeti, no importa. Sin embargo, con el tiempo, verán que estos pequeños puntos pueden unirse para hacer una imagen. Al igual que en Monet, está animando a su hijo a utilizar una forma inesperada para crear imágenes más grandes.

Si le preocupa el tamaño de los restos de la perforadora, puede doblar una hoja de cartulina varias veces y luego cortar un solo círculo y tener círculos mucho más grandes para que los use su párvulo. Con esfuerzo por parte de los adultos, cualquiera de las dos formas probablemente resultará en un calambre en la mano. Algunos padres han recurrido simplemente a pedir pegatinas. Pedir pegatinas circulares no es una trampa, solo proporciona un respaldo adhesivo para un círculo básicamente del mismo tamaño.

Actividades con Plastilina

Cuando hablamos de Montessori, rara vez nos inclinamos a saltar a nombres corporativos como. Play-Doh. Sin embargo, esta actividad estimula el desarrollo sensorial, el juego creativo e incluso puede prolongar su capacidad de atención debido a lo abierta que es la actividad. ¡Ahora puede hacer plastilina en casa! No salga a comprar Play-Doh; el Play-Doh que hace en casa incluso puede durar más.

Para hacer su propio Play-Doh, mezcle dos tazas de harina, 3/4 taza de sal, cuatro cucharaditas de cremor tártaro, dos tazas de agua tibia, dos cucharadas de aceite y colorante para alimentos. Puede mezclar todos los ingredientes excepto el colorante para alimentos y luego dividirlos en bolsas de sándwich separadas y colorearlas de esa manera.

Luego, dele la plastilina súper suave y blanda a su hijo en una bandeja para hornear galletas. Pueden hacer lo que quieran con este material casero. Pueden envolver artículos. Pueden usar sellos para estampar diferentes formas en su lugar, o incluso usar cortadores de galletas para recortar formas

Actividades con Espagueti

Hay una razón por la que a muchos padres les encanta hacer manualidades que incluyan espaguetis. Primero, es barato. En segundo lugar, es fácil de armar; simplemente le echa un poco de agua hirviendo y, finalmente, trabaja tantos músculos y habilidades. Los espaguetis mojados son difíciles de agarrar y son viscosos. Al usar espaguetis cocidos para diferentes manualidades y actividades, puede desarrollar esas habilidades de músculos finos en las manos de su párvulo, aumentar su exposición sensorial y ayudarlo a ejercitar su creatividad.

¿Por dónde empezar? Su niño pequeño puede pintar con espaguetis. Hierva unos espaguetis y luego póngalos directamente en la pintura. Puede tomar un fideo y extenderlo sobre el papel o papel encerado y crear muchos diseños que probablemente no podría lograr con pinceles. Alternativamente, puede hervir los espaguetis, cubrirlos con margarina o mantequilla para que se endurezcan y dejarlos secar. Luego, deje que su niño coloque los fideos fríos sobre el papel y pinte sobre ellos con pinceles con punta de espuma. Esta actividad no solo es divertida, sino que es mucho menos complicada de lo que cabría esperar de pintar con pasta.

La siguiente actividad con espagueti se puede utilizar para hacer un carillón de viento, un atrapa- sueños y también una amplia variedad de otras formas y figuras. Por ejemplo, si bien esto comenzó como una actividad temprana para una niña, Bella, el hacer un atrapa-sueños, se convirtió en una actividad de invierno y hacer copos de nieve. Haga que su hijo seque fideos de espagueti y, si puede manejarlos, un poco de pegamento o plastilina que no le importe que se seque.

Luego, pueden usar los espaguetis secos partiéndolos en diferentes largos y pegándolos con pegamento o plastilina para crear un atrapa-sueños, copos de nieve, telarañas y mucho más.

Todas estas actividades están destinadas a impulsar la creatividad, así que haga todo lo posible por no intervenir mientras el niño participa en estas actividades. Es posible que se sienta inclinado a reconocer que el pincel no funciona de esa manera, o que el Play-Doh no está diseñado para eso. Pero, sinceramente, hay tantos usos disponibles aplicables a los materiales de artes y manualidades que nuestros párvulos pueden incluso enseñarnos formas nuevas y emocionantes de usar las mismas viejas herramientas.

Capítulo 11: Disciplina Positiva en el Hogar Montessori

La disciplina es uno de los temas más controversiales y cubiertos que aparecen en libros para padres, blogs y en varios otros medios. Las redes sociales están llenas de padres críticos y no padres que se sienten obligados a dar sus consejos y conocimientos. Trate de mantener una mentalidad libre de críticas para este capítulo porque la disciplina Montessori genera muchas controversias. No solo que, predica la auto disciplina, sino que también predica la disciplina positiva y no animar a su hijo.

Ahora bien, la autodisciplina es algo con lo que todos estamos familiarizados y realmente es algo en lo que nos expandimos como adultos. Aprendemos por las malas que somos responsables de nuestro comportamiento, nuestras reacciones y otros elementos de nuestra vida que hasta la edad adulta parecen estar fuera de nuestro control. La autodisciplina, o la falta de ella, es la culpa de gran parte de esa angustia adolescente.

Para sumergirse en la disciplina positiva y el elemento controvertido de animar a su hijo u ofrecerle elogios, se necesitará más que un breve toque de autodisciplina. En este capítulo, encontrará una variedad de técnicas consideradas en gran medida como disciplina positiva y se ha descubierto que fomentan la empatía y una relación de cooperación. El método Montessori no es el único sistema o patrón de creencias que ofrece disciplina positiva. Muchos pediatras y psiquiatras infantiles también apoyan la base de María Montessori para la disciplina positiva. Vale la pena señalarlo ahora; la disciplina positiva suena un poco atrasada. La mayoría de nosotros fuimos criados con la disciplina negativa tradicional, que es tan mala como suena. Ambos padres no solo creen que eso es normal, sino que no saben de qué otra manera abordar la disciplina. No se trata solo de dar nalgadas o entrar en un tiempo muerto. La disciplina negativa también puede venir en forma de cómo hablar con nuestros hijos y cómo nos comportamos cuando no actúan de la manera que queremos.

A través de este capítulo, esperamos brindarle la información, las herramientas y los recursos necesarios para que comprenda la disciplina positiva y cómo desarrollar la autodisciplina en su hijo.

Entendemos totalmente que cada padre tiene un enfoque diferente de la educación de los hijos. Esperamos que considere promover la autodisciplina y utilizar las herramientas para la disciplina positiva.

Sea Proactivo - La Base de la Disciplina Positiva

Uno de los libros de desarrollo personal más elogiados es Los 7 Hábitos de la Gente Altamente Efectiva. Por sí solo, el libro ofrece información y consejos más allá del valor para cualquier adulto, pero, como padre, vale la pena volver a ese primer hábito de 'ser proactivo'. Ser proactivo establece un nivel de equidad en el hogar cuando se trata de convivir o relacionarse con un niño pequeño. Es posible que los niños pequeños no sepan mucho sobre las reglas y tengan poco respeto por la autoridad en cualquier capacidad, pero entienden la justicia.

Entonces, ¿cómo puede ser proactivo y construir una base para una disciplina positiva?

Establezca reglas muy claras que no puedan caer en ninguna otra interpretación. A los párvulos les gusta especialmente traspasar los límites, y si existe la oportunidad de malinterpretar una regla, la aprovecharán. Por ello, fije unas reglas muy claras, comprensibles y consistentes.

Algunos ejemplos pueden incluir:

- Solo un toque agradable
- No morder a la gente
- No golpear
- Sin bofetadas
- No patear a personas o animales
- Limpiar antes de comenzar una nueva actividad

Idealmente, estas reglas no incluirán la palabra "no", pero hay muchas formas de expresar las restricciones a la libertad de su niño. La libertad con restricciones es el concepto general dentro del método Montessori, y le está permitiendo a su niño mucha libertad, pero hay restricciones. Su niño pequeño no debe causarle daño físico a usted ni a ninguna otra criatura viviente. Su hijo eventualmente tendrá que aprender a limpiar y toda una variedad de otras habilidades para la vida.

El truco para establecer una base tiene algunas reglas básicas; unos a los que siempre puede volver, por lo que las reglas como "Solo un toque agradable" funcionan tan bien. Cuando un niño hace algo, solo debe examinar si fue un toque agradable o no (patear, morder, etc.).

La otra forma en que trabajará de manera proactiva para construir una base de disciplina positiva es cultivar un entorno libre de preocupaciones. Ya leyó el capítulo sobre la creación del entorno Montessori, y vemos cómo eliminar los posibles peligros, pero promover el interés y la participación pueden ayudar a disuadir muchas de las ocasiones en que los padres tienen que decirle a su hijo que deje de hacer algo. Esencialmente, eliminar la cantidad de veces que tiene que tomar medidas disciplinarias hará que sus esfuerzos disciplinarios sean más efectivos. Si a su niño pequeño le dicen "no" 50 veces al día, cualquiera de esas ocasiones no se destacará más que las otras 49 veces que le dijeron la palabra "no". Sin embargo, si tiene que decir "*no*" en raras ocasiones, entonces es impactante.

¿Qué es la Autodisciplina?

El santo grial de los adultos más productivos y felices es que no son personas del Tipo A, abrumadas y estresadas. La autodisciplina es la capacidad y la voluntad de una persona de controlar y corregir su propio comportamiento. Esto es algo que tenemos que aprender y es algo que nuestros hijos deben aprender. No es una característica natural para la mayoría de la gente. También se suele atribuir erróneamente a la fuerza de voluntad. La autodisciplina y la fuerza de voluntad son cosas diferentes. No es necesario que le enseñe a su hijo a abstenerse o perseverar en aras del entrenamiento de la fuerza de voluntad.

Entonces, ¿cómo se enseña la autodisciplina a los niños pequeños? Desafortunadamente, la mejor manera de hacerlo es comenzar a eliminar o retirar las cosas que disfrutamos haciendo como padres: elogios y recompensas. Cuando a los niños se les dice que no hagan algo y se enfrentan a un castigo, solo saben que no deben hacerlo porque les está esperando un castigo. Como ocurre con la mayoría de las cosas en la vida, lo contrario es igualmente cierto en esta afirmación inicial. Cuando a los niños se les dice que hagan algo y saben que hay una recompensa, solo lo hacen por la recompensa.

Los niños y los infantes desarrollan la autodisciplina aprendiendo el valor de hacer lo correcto y recibiendo la recompensa intrínseca de un trabajo bien hecho. Con el tiempo, su hijo llevará sus platos al fregadero, no porque usted se lo haya dicho y luego le haya dado las gracias, sino porque sabe que es lo correcto después de que termine el plato. Con el tiempo, su niño sabrá que debe disculparse después de empujar a otro niño sin querer, porque es lo correcto. Los niños pequeños desarrollan la autodisciplina a través de estos muchos actos pequeños, reconociendo cuándo tuvieron la culpa o actuaron sin recibir una recompensa o un castigo.

Una nota sobre la disciplina: todos los padres tienen diferentes formas de disciplinar, pero existen diferencias entre la disciplina y el castigo. Castigar es lo que parece, castigar a un niño por un comportamiento no deseado. Considerando que la disciplina es mantener las reglas y estándares establecidos. Utilizará la amabilidad y la firmeza para promover el respeto propio, la autodisciplina, la cooperación, la resolución de problemas y el comportamiento deseado. Aun así, es frustrante. Un infante que grita no es más que un infante que grita y, a veces, mamá o papá necesitan un descanso.

Pero, con el tiempo, enseñar o promover la autodisciplina hará que el día a día sea mucho más fácil.

¿Cómo se puede desarrollar la autodisciplina?

• Retire sus elogios: de las gracias solo cuando sea apropiado y haga cumplidos muy específicos.

• Por ejemplo, en lugar de "Eres tan inteligente", use "*Ya te diste cuenta, ¿puedes mostrarme cómo lo hiciste?*".

• Muestre interés en las actividades de su hijo sin decirle que son lo mejor desde las dos ruedas; mírelo, esté presente y participe en la actividad con él cuando lo invite. Significa más que un cumplido pasivo.

• Dele la oportunidad de tomar decisiones significativas.

• Cuando se enfrente a un comportamiento no deseado, haga todo lo posible por no reconocerlo o excusarse.

• Tenga altas expectativas.

• Diga "*sí*" con más frecuencia que "*no*".

• Dé instrucciones simples y claras.

- Repita las reglas esperadas con frecuencia.

Cuando se combinan, estas pequeñas acciones o cambios leves y la forma en que usted interactúa con su infante pueden tener un gran impacto en su autodisciplina.

Elementos de la Disciplina Positiva

Los elementos clave de la disciplina positiva giran en torno a la responsabilidad, la cooperación, el pensamiento objetivo, el respeto, la cortesía, la honestidad y la compasión. ¿No nos encantaría que nuestros niños pequeños comprendan y utilicen estos elementos con frecuencia?

Pero el centro de toma de decisiones del cerebro de un infante simplemente no está lo suficientemente desarrollado para reconocer y actuar de acuerdo con estos elementos, todo el tiempo. Lo mejor que puede hacer para poner en juego estos elementos positivos en su hogar es modelar esos comportamientos. Puede que ya lo esté haciendo, pero su hijo no lo sabe. Su hijo no tiene un nombre para dar a estas acciones y por el momento no puede identificar esas acciones. Cuando note que hay una decisión con respecto a la responsabilidad, el respeto, la honestidad o la cortesía, dígaselo a su párvulo. Puede sentirse muy ensimismado al principio, pero al decirle *"Le abrí la puerta a alguien porque es lo correcto"*, está llamándole la atención sobre esa acción muy específica. Otro ejemplo podría ser decir: *"Papá trabaja con tu hermana durante el tiempo de juego y por eso se divierten tanto. Cooperan".*

¿Qué Sucede Cuando los Niños Rompen las Reglas?

La seguridad es siempre primordial y, a veces, no puede hablar para evitar el incumplimiento de las reglas. Esto va más allá de las rabietas y se transforma en correr hacia la calle o no darle la mano en un estacionamiento. Y hay otro problema al levantarse del asiento del automóvil. Esos tableros Sensoriales Didácticos ayudan a los niños a aprender a abrir broches y clips, lo que los convierte en Houdinis de asientos para el automóvil.

Cuando un niño rompe las reglas, hay algunas formas de manejarlo. Si la seguridad es un factor, sacarlos de la situación suele ser la mejor respuesta inicial. También existe la opción de nuevas restricciones a la libertad. Por ejemplo, si su hijo se escapa constantemente de su asiento para el automóvil, es posible que no sea seguro sacarlo con tanta frecuencia como usted lo hubiera hecho porque ha demostrado que hay un patrón claro de que no se quedará en su asiento para el automóvil cuando lo necesite por razones de seguridad. Si se pierden los viajes al supermercado, es posible que note que infante pide salir con usted y luego puede enfatizar que pueden ir con usted si se quedan en su asiento de seguridad. Si se niegan a quedarse en su asiento nuevamente, entonces puede optar por no sacarlos sin la ayuda de otro adulto.

Morder, Arañar, Tirar del Cabello y Otros Ataques Físicos

Estos problemas no son tan urgentes como parecen inicialmente. Son apropiados para el desarrollo. Su hijo no es un niño malo y el mejor enfoque es a través del juego proactivo. Puede hacer un juego de roles con animales de peluche, donde un animal de peluche es golpeado y el otro animal dice no me gusta y se va. Esta es una de las pocas actividades Montessori dirigidas porque aborda directamente cual es la forma apropiada y respetuosa de tocar o vincularse con otra persona.

Cuando esté dirigido hacia usted, detenga sus manos o pies y diga algo como *"No dejaré que me pegues"*. Y enfatice que golpear/patear duele. Una de las pocas veces que Montessori se alinea con la enseñanza externa es en estos momentos. La crianza positiva proviene de una lección que se ve en El Infante Más Feliz del Barrio y se centra en la Ignorancia Amable.

La ignorancia amable es el acto de alejarse de la situación. Ahora bien, usted no quiere avergonzar o menospreciar al niño, sino reconocer que el comportamiento no está bien, duele y no quiere que le suceda a usted. Reconozca también que volverá o estará disponible más tarde.

• Pruebe a decirle:

• *"A mamá no le gustan las bofetadas. Mamá volverá cuando dejes de abofetear".*

• *"A papá no le gustan las mordeduras. Duelen. Papá quiere tiempo a solas porque estas mordidas duelen".*

• *"No me gustan los golpes; se sienten mal. Volveré en un momento cuando ya no tengas ganas de pegar".*

Estos señalan la responsabilidad de su parte y no son un castigo, aunque su niño no se sentirá así. Se ha alejado del dolor físico. Eso no es un castigo para su hijo, es un alivio para usted. Ahora, cuando salga del área o la habitación de su hijo, asegúrese de que sea un lugar seguro para él. Si ha diseñado su hogar al estilo Montessori, entonces no debería tener que preocuparse por eso.

Ignorar amablemente también es la opción preferida para los berrinches de los que no puede hablar. En una situación ideal con disciplina positiva, podrá sentarse y discutir lo que sucedió cuando su hijo comenzó su rabieta. Siempre intervenga temprano antes de que la rabieta se salga de control.

Puede reconocer lo que quiere o las cosas que no puede encontrar, pero a veces las rabietas son demasiado emocionales como para rebobinar. Su pequeño es un ser emocional y usted tiene décadas de pensamiento lógico. Es normal que no piensen del mismo modo. Si se siente frustrado o siente que tiende a la disciplina negativa o al castigo físico, ignorarlo con amabilidad puede darle un descanso y un momento para relajarse. Luego, puede volver a tener esa conversación con su pequeño y reducir su ataque.

Respecto a Compartir

Montessori fomenta métodos de compartir más adultos, lo cual es complejo porque muchos maestros Montessori simplemente dicen que no enseñan a compartir. El modelo de compartir no es que "todo es tuyo para que lo tomes", que a menudo los adultos se lanzan a presentar cuando ven que los niños no comparten. En cambio, Montessori enfatiza el turnarse. Está compartiendo el objeto, y eso no significa que el niño pierda su tiempo con el objeto simplemente porque otro niño se interesó en él. El segundo niño puede esperar pacientemente hasta que el primer niño se haya ido.

Ahora bien, en situaciones públicas, compartir puede volverse mucho más complejo. Puede alentar a su hijo a aprender palabras específicas como "turno" o "esperar" para ayudarlo a expresar que aún no ha terminado con el juguete. Especialmente durante los años de la infancia, tendrá problemas porque a los infantes les gusta jugar uno al lado del otro, pero no necesariamente entre ellos.

Depende de usted si promueve la adopción de turnos sobre el uso compartido tradicional de niños pequeños donde quien lo tuvo primero debe renunciar a él, o quien lo tuvo primero se queda con el juguete.

Nota Especial para los Padres

Ser padre es difícil. Los infantes son propensos a tener arrebatos emocionales, rabietas y ataques de gritos sin razón aparente. Si comprometerse con la disciplina positiva Montessori le parece difícil, recuerde que aún tendrá que lidiar con rabietas, compartir problemas y arrebatos sin importar el método de disciplina que utilice. Todo se reduce a qué método de disciplina funciona mejor para usted y cómo ese método disciplinado afecta su relación con el niño.

Con el aprendizaje y el estímulo Montessori, la disciplina tradicional no promueve el nivel de independencia como lo hace la enseñanza Montessori. Ahora su hijo busca una regla en lugar de mirarle a usted para modelar su comportamiento. Si un niño se encuentra con una nueva situación, hace lo que quiere y luego sufre las consecuencias. Mientras que la autodisciplina y la disciplina positiva ayudan al niño a tomar decisiones más conscientes más temprano

Capítulo 12: Montessori Durante el Crecimiento

Los niños pequeños no solo crecen; crecen rápido. No es necesario que hable con un psiquiatra o un especialista en desarrollo de la primera infancia para saber que, día a día, semana a semana y mes a mes, su párvulo se está convirtiendo rápidamente en una persona diferente. Tienen elementos centrales de su personalidad como base. Aun así, están aprendiendo a un ritmo tan rápido que, como era de esperar, como adultos nos sorprende tanto la rapidez con la que pasan de un interés a otro o de un desafío a otro. Quitarse los zapatos puede ser una tarea imposible un día y fácil al siguiente.

Entonces, una de las preguntas comunes que surgen con Montessori en el hogar es cómo acomodar a una persona tan pequeña que crece tan rápido. Su niño crecerá inevitablemente y experimentará cambios, tanto físicos como mentales. Puede aplicar el método Montessori para ayudar a reconocer estos cambios. Puede abordar temas como el apego, la ansiedad por la separación, las rabietas, la dentición, entrenamiento para ir al baño y más.

Sabemos que usar la disciplina Montessori para infantes es solo un paso en su viaje como padres. No queríamos dejarlos sin toda la información que podrían necesitar para seguir avanzando por este camino con el método Montessori en mente. A medida que emplee el método Montessori con su pequeño, muchos de los principios y elementos fundamentales se convertirán en algo natural. Puede resultar fácil encontrar momentos para observar, guiar y comprender exactamente la forma en que su hijo está tratando de comunicarse. Eso le da más licencia para avanzar con Montessori y guiar a su hijo a través de ese proceso a medida que usted mejora.

Los Momentos Clave en el Desarrollo Físico Ocurren en los Primeros Años

Los momentos clave en el desarrollo físico durante los primeros años incluyen la dentición, aprender a levantarse, aprender a gatear, aprender a caminar, aprender a abrir y cerrar objetos, y más. Incluso a la edad de infante, puede parecer que su hijo ha alcanzado los principales hitos del desarrollo físico. Sin embargo, su párvulo todavía está creciendo. Su percepción está cambiando físicamente a medida que crece y se basa en hitos de desarrollo físico más pequeños.

Los hitos que muchas personas pasan por alto o simplemente no saben cómo abordar durante los años de la niñez incluyen desarrollar el agarre de pinza, aprender a sostener un crayón o lápiz, manejar tijeras y movimientos más afinados.

Recuerde que los estudiantes más exitosos han comenzado con instrumentos de cuerda complejos desde los tres o cuatro años. Estos instrumentos son exigentes con el movimiento de los dedos y la motricidad fina.

Los niños pequeños todavía están desarrollando sus funciones motoras más grandes, la mayoría de los infantes no saltan de manera competente hasta los dos años y medio, y muchos pueden tener una corrida un poco torpe hasta los tres o cuatro años.

Si bien es divertido tener esta información a mano, a través de la guía Montessori, también es beneficioso saber en términos de presentación de actividades. Si nota que su hijo puede saltar con soltura, puede fomentar más actividades al aire libre que requieran saltar o brincar. Y si nota que su hijo no tiene problemas para manipular objetos pequeños con las manos, puede presentarle un nuevo instrumento o nuevas herramientas que requieren una precisión más delicada del trabajo manual.

Desafíos de Crecimiento

Con los desafíos del crecimiento, especialmente al ritmo de los infantes, es bueno tener un surtido de herramientas variado para manejar estos problemas. ¿Qué es el método Montessori? Sabemos que la redirección es una herramienta poderosa. Junto con la redirección, también puede alentar a los niños pequeños a jugar y puede proporcionar actividades independientes atractivas. La combinación de estos tres puede ayudar a abordar problemas como el apego y la ansiedad por la separación.

Si ha pasado por una escuela Montessori, es posible que ya haya visto esto en acción. A menudo, cuando los padres acercan al nuevo estudiante, el maestro Montessori llevará al niño y lo guiará a actividades cercanas para que los padres puedan irse después de que se hayan despedido. Reduce drásticamente los arrebatos y crea una experiencia positiva para el niño. Ahora, cuando usa Montessori en casa, esto puede parecerse más a un desafío. Es posible que deba tomar la iniciativa y hacer que otro adulto redirija la atención para que pueda alejarse.

El apego y la ansiedad por la separación es un desafío común para los infantes. La mayoría ha pasado más tiempo con uno de los padres que con cualquier otra persona que conozca. También puede parecer que el padre se va y nunca volverá.

Los niños pequeños no necesitan un historial de abandono para tener la preocupación de que alguien no regrese. Algunos no han desarrollado esa comprensión de que las cosas o las personas se van y regresan. Decir adiós pacíficamente y luego redirigir su atención puede ser la clave para reducir la ansiedad por la separación y el apego. El método Montessori promueve en gran medida el desarrollo de la independencia, especialmente desde una edad temprana.

A medida que usted promueve esa independencia, el niño pequeño puede caer en un apego extremo. Es una causa común de retroceso. Para ayudar a continuar el movimiento hacia adelante en la construcción de la independencia, puede establecer "momentos independientes" en los que usted se sienta y observa. Durante estos momentos, no está disponible para jugar juntos o brindar ayuda con desafíos o luchas que puedan manejar por sí mismos. El tiempo independiente es en realidad una gran oportunidad para una observación completamente ausente. Redirija su atención, hágale saber que volverá pronto y luego busque un lugar fuera de la vista. Si nota que su hijo necesita ayuda, aproveche esta oportunidad para observar cómo supera el desafío.

Para aprender a ir al inodoro, ir a la bacinica o ir al cuarto de baño puede ser un desafío particular. Necesitará una bacinilla o un asiento para su inodoro y luego guiarlo al del proceso de la bacinilla.

Juguetes que Crecen con Ellos

La mayoría de las herramientas Montessori ya están diseñadas para crecer con sus hijos. Si estuvieran en una escuela Montessori, es posible que note que los niños de seis y siete años, todavía juegan con la Torre Rosa y los bloques de construcción. En la era moderna, la mayoría de los padres aceptan o creen que los niños se cansan rápidamente de los juguetes y necesitan nuevos materiales para seguir participando. Si bien los infantes pueden cansarse de ver lo mismo una y otra vez, la idea con algunos de estos juguetes es que usted modifique la forma en que juega con ellos. Luego, algunos juguetes pueden seguirlos incluso en la adolescencia y la edad adulta si se desarrolla y continúa el interés.

Primero abordemos los muebles ajustables. ¿Cuál es el entorno preparado por Montessori? Los niños pequeños deben tener muebles del tamaño de ellos. Sin embargo, con las cunas adaptables y las camas para niños pequeños, puede invertir en un mueble que pueda crecer con su hijo. Lo mismo es posible al pasar de una silla alta a un asiento elevador, a quitar el asiento para sentarse a la mesa. Un asiento o sofá para niños pequeños simplemente puede archivarse después de que el niño lo haya superado. Algunos materiales de tipo mobiliario, como los caballetes de arte, suelen ser ajustables.

Al mirar herramientas musicales, es posible que deba prestar especial atención a los instrumentos que no requieren escala. No estamos hablando de escalas musicales. Estamos hablando de tamaño. Simplemente no se puede comprar un violín para adultos y esperar que un niño de cuatro años lo maneje bien. Necesitaría un violín más pequeño o a escala.

Sin embargo, no hay pianos o baterías de tamaño reducido. Hay versiones "para niños", que utilizan materiales más baratos y no están hechos para durar. Pero un niño de cuatro años puede aprender a tocar el piano con uno de tamaño completo. Un niño puede aprender a tocar la batería con baterías de tamaño completo. Si está buscando invertir en instrumentos, entonces puede priorizar los instrumentos que no necesitarán un reemplazo completo cada dos años.

El juego acuático también puede crecer con su hijo. Si bien pueden mostrar un interés especial en desatascadores, imágenes, e incluso ruedas de agua para verter en sus primeros años, puede disfrutar de actividades más avanzadas a medida que se acercan a los de cinco o seis años. Permitirles construir vías fluviales o tráfico directo de agua puede ser una forma emocionante de cambiar un puesto de vertido de agua. El agua se disfruta a casi cualquier edad y tiene beneficios incomparables en términos de aprendizaje del ciclo del agua y los conceptos básicos de la física. Nuestro mundo funciona en gran medida en el agua, y mantener ese interés en su punto máximo a una edad temprana puede ayudarlos a comprender su papel en nuestro mundo más adelante en la vida.

Los bloques y los bloques apilables son otro artículo costoso que puede crecer con su hijo. Incluso a los 11 o 12 años, los bloques pueden ser parte del juego diario. Es posible que su niño simplemente haya apilado una torre y luego la haya derribado. Ahora bien, los niños mayores pueden construir castillos, crear puentes o incluso crear diseños y formas que son únicos, pero reconocibles.

Una de las preguntas comunes que los padres de niños en crecimiento se hacen sobre Montessori tiene que ver con el juego. La pregunta suele ser: ¿se considera el juego con muñecas un aprendizaje Montessori? Las muñecas y las casas de muñecas rara vez tienen un lugar en las escuelas Montessori. Debido a la importancia y el enfoque que se le da al método científico, estos juegos creativos o abiertos a menudo se dejan para el entorno del hogar. No hay nada que haga alusión a que Maria Montessori esté en contra del juego con muñecas. De hecho, muchos niños usan muñecas para recrear situaciones cotidianas y las usan para explorar la conversación y la interacción. Todos esos elementos están presentes en la mayoría de las actividades Montessori. Parece un poco ridículo, pero en general, apuntaría a un entorno de juego menos guiado. A lo que nos estamos refiriendo es a que las muñecas, las casas de muñecas, los cochecitos y los muebles están bien. En realidad, son geniales debido a cuánto tiempo los niños jugarán con muñecas durante su infancia e incluso hasta la adolescencia temprana. Sin embargo, puede elegir una muñeca con una casa en lugar de una muñeca y una bata de médico con un consultorio médico. Permita que su hijo recree esas cosas usando materiales que tenga en casa, déjelo llevar creatividad al juego de muñecas en lugar de depender de entornos preconcebidos.

Los Hábitos de Educación Cambian y Se Adaptan

A medida que un niño pequeño pasa por rabietas y el entrenamiento para ir a la bacinilla, dos de los desafíos más comunes para los padres que usted puede cambiar y adaptar sus hábitos para promover el desarrollo. Muchos padres citan que el aprendizaje para ir al baño es una de las piedras angulares en el desarrollo de conversaciones. No solo debe abordar la función del inodoro y la necesidad de aprender a usar la bacinilla, sino también abordar las preocupaciones y los temores que el niño pequeño ha asociado con el entrenamiento para usar la bacinilla.

Tener Conversaciones

El famoso libro titulado <u>The Montessori Toddler (El Infante Montessori)</u>, de Simone Davis, cubrió un desafío específico al permitir que su niño pequeño tenga una rabieta. Animó a los padres a reconocer los sentimientos del niño y guiarlos a través del procesamiento de esos sentimientos. No todos los padres están preparados para hacer esto en todos los entornos en los que los niños pequeños tienen rabietas. De hecho, la mayoría de las publicaciones que cubren este elemento particular de este libro no mencionan los momentos más problemáticos en que los párvulos tienen rabietas. Sin embargo, hay un pequeño giro. Cuando usted usa este método con anticipación, se convierte en una forma proactiva de desarrollar conversaciones que son efectivas y rápidas. Cuando un niño pequeño o un niño en crecimiento tiene una rabieta en casa, puede tomarse su tiempo para explicarle exactamente lo que está sucediendo. Pero también hágalo cuando no tenga rabietas. Una vez que su infante se convierte en niño, está dando un paso más hacia la edad adulta y lo que necesita de usted es una conversación. No necesitan una voz complaciente que les diga: *"Oh, entiendo que estás triste"*. Necesitan a alguien que les hable como a una persona.

Cuando su niño pequeño tiene esa rabieta, o tiene que enfrentar ese miedo a la bacinilla, o tiene problemas para dormir solo después de tantos años en la cama familiar, ese es el momento de tener las conversaciones difíciles. Luego, cuando su niño pequeño entra en modo de rabieta en una tienda de comestibles, puede tener esa conversación rápida y eficiente para terminar rápidamente y continuar con sus compras.

Hay un momento difícil de identificar en el desarrollo en el que los niños pasan de necesitar que usted imite lo que está sucediendo a que usted establezca el tono de la conversación que se está llevando a cabo. Anteriormente en este libro, mencionamos la imitación de berrinches y la repetición de lo que decía su niño. Ahora, cuando su hijo puede comunicar lo que quiere, o está claro que siente que la situación es injusta o está dirigida contra él, puede entablar un tipo diferente de conversación. Puede empezar con esa imitación original. Puede decirle algo como: "Reina, estás tan enojada porque él tiene dulces y yo no voy a dejar que tú los tengas" con esta afirmación, usted reconoce sus sentimientos y ubica el núcleo de la rabieta. Vieron a otro niño con caramelos, le pidieron caramelos, le dijo que no, fin de la historia. Ahora, en aras de la consistencia y de mantener una relación respetuosa entre su toma de decisiones y su existencia en el mundo, usted no puede ceder a sus demandas de dulces todo el tiempo. Sin embargo, puede tener una conversación.

Extensión de la Paciencia

Con rabietas, habilidades para escuchar y desarrollo continuo durante los años de la infancia, su hijo necesita un poco de paciencia. La paciencia es una habilidad vital para la vida, pero también ayuda a disuadir las rabietas y aumentar las habilidades para escuchar. La extensión de la paciencia es uno de los elementos guiados de Montessori y se extiende a muchos otros métodos de disciplina positiva.

Cuando su hijo tenga una rabieta, o incluso un párvulo comience a hacer una rabieta, pídales que la reduzcan contando. Esto está redirigiendo levemente su atención. No los está poniendo en un camino completamente diferente; está poniendo una pausa a la rabieta. Puede contar hasta tres, cinco o incluso diez, y cuando vea que su respiración ha comenzado a calmarse, puede comenzar a estirar la paciencia.

Para ejercitar el estiramiento de la paciencia haga que el niño cuente hasta 10 con calma. Usted puede comenzar primero, respirar profundamente y decir *"uno"*, y esperar a que lo repita. Luego, cuando usted llegue al 10, puede decir: *"Está bien, ahora pregúntame amablemente"*. Por lo general, esto funciona, pero hágalo cuando no ocurran rabietas.

Puede desarrollar esta habilidad usando el estiramiento de la paciencia y las actividades diarias. Si su hijo está apilando bloques, pídale que cuente con usted antes de apilar el siguiente bloque. También puede hacer esto cuando se esté preparando para sentarse y comer. El estiramiento de la paciencia no es una recompensa. Habrá muchas ocasiones en las que tendrá que confiar en la paciencia para calmar una rabieta, e incluso entonces, es posible que el niño no se salga con la suya.

A medida que su hijo crezca, usted verá los beneficios de estirar la paciencia, tener conversaciones y tener herramientas que crecen con su hijo. No solo fomentará una mayor independencia, sino que podrá verlo adaptarse a su entorno cambiante. El método Montessori no es solo para el desarrollo de la primera infancia; puede seguirlo hasta bien entrada la adolescencia e incluso la edad adulta.

Conclusión

Gracias por leer este libro y esperamos que haya encontrado todos los recursos necesarios para comenzar con el aprendizaje Montessori para su hijo. Los niños pequeños son un desafío, pero con el método Montessori, puede pasar tiempo observándolos con una nueva fascinación por cómo funcionan y se desarrollan sus pequeñas mentes. Utilice la disciplina Montessori para niños pequeños para ayudar a desarrollar el pensamiento creativo, el lenguaje, las matemáticas, la coordinación y las habilidades de resolución de problemas de su hijo.

A través de estas actividades, puede apoyar la creatividad e involucrar sus mentes de formas nuevas e inesperadas. Haga que se levanten y se muevan con música y movimiento, o trabajen duro con sus dedos meñiques, clasificando objetos de diferentes colores. Estas actividades son divertidas para los niños pequeños y, por lo general, son bastante fáciles de configurar y monitorear para los adultos.

Empiece por crear el entorno adecuado para la participación de Montessori colocando cuidadosamente los juguetes y otros objetos. Luego continúe con la presentación de actividades que sean apropiadas para su edad, pero que aún presenten un desafío. Finalmente, siga creciendo, fomentando un mayor desarrollo sensorial y de coordinación junto con la inteligencia que su hijo ya está mostrando.

Vea más libros escritos por Meryl Kaufman

Referencias

https://www.youtube.com/watch?v=gRZD0Y01xmI

https://www.italiansrus.com/articles/whoami6.htm

https://amshq.org/About-Montessori/History-of-Montessori/Who-Was-Maria-Montessori

https://www.livingmontessori.com/montessori-method/history-of-the-montessori-method/

https://www.montessori.edu/FAQ.html

https://www.public-montessori.org/montessori/.

https://www.montessorieducation.com/blog/alexander-graham-bell-and-montessori

https://www.bartleby.com/essay/Describe-in-Detail-the-Three-Elements-of-FKDK6CS5H3U4Z1.

https://amshq.org/About-Montessori/What-Is-Montessori/Terminology

https://www.retrogamer.net/retro_games90/the-making-of-the-sims/

https://www.newamerica.org/weekly/bezos-montessori-education/

https://www.montessorieducation.com/blog/jeff-bezos-amazon-just-gave-1-billion-to-montessori-inspired-preschools-now-what-is-montessori

https://www.edweek.org/ew/articles/2018/09/26/the-montessori-mafia-why-tech-titans-like.html

https://indianamontessoriacademy.org/eight-principles-of-montessori-education/https://indianamontessoriacademy.org/eight-principles-of-montessori-education/

https://montessori-nw.org/about-montessori-education

http://psychosocialdisney.blogspot.com/2015/07/well-begun-is-half-done.html

https://www.youtube.com/watch?v=GhANk9tIW9s

https://montessoriacademy.com.au/montessori-education/montessori-principles-education/

http://forestmontessori.com/brain-development-from-birth-to-three-years/

https://www.kidcentraltn.com/development/1-3-years/brain-development-toddlers-1-3-years.html

http://images.pcmac.org/SiSFiles/Schools/CA/SMJUHSD/PioneerValleyHigh/Uploads/DocumentsSubCategories/Documents/Chapter08_WHYL-A.pdf

https://nancyguberti.com/5-stages-of-human-brain-development/

https://www.youtube.com/watch?v=XmMhQD84_1E

https://theeducatorsroom.com/being-a-parent-and-a-teacher-an-impossible-combination/

https://www.psychologicalscience.org/observer/perception-and-play-how-children-view-the-world

https://www.youtube.com/watch?v=DZUhxuKyucM

https://www.youtube.com/watch?v=ypR-P1gAfas

https://www.montessoriprintshop.com/observation.html

https://www.youtube.com/watch?v=xVHJlIch5nk

https://www.youtube.com/watch?v=YaCbwVARh5I

https://www.youtube.com/watch?v=pp7iH4qhPtM

https://www.montessoriteachered.com/the-montessori-muse-blog/2018/8/15/a-montessori-manor-how-to-help-parents-incorporate-a-montessori-mindset-at-home

https://www.healthlinkbc.ca/health-topics/ue5465

https://www.goodstart.org.au/news-and-advice/october-2016/exploring-the-benefits-of-sensory-play

https://www.youtube.com/watch?v=_wq3jpl7GUc

https://www.youtube.com/watch?v=PC6vKh3bhTI

https://www.themontessorinotebook.com/age-appropriate-chores-for-children/

https://www.mother.ly/child/montessori-ways-your-toddler-can-help-around-the-house

https://www.youtube.com/watch?v=WT5ViWO24xk

https://voilamontessori.com/montessori-children-and-chores/

https://www.youtube.com/watch?v=4Uyzls0Xs0U

https://www.azquotes.com/quote/1206104

https://nafme.org/music-education-montessori-lens-every-child-musical-potential/

https://www.montessoriservices.com/ideas-insights/music-in-the-montessori-classroo

https://www.montessoriservices.com/music-movement/instruments

https://www.themontessorinotebook.com/montessori-and-music/

https://livingmontessorinow.com/montessori-inspired-music-activities-for-toddlers-and-preschoolers/

http://www.montessori-blog.org/2018/05/16/famous-people-who-attended-montessori-beyonce-knowles/

https://www.youtube.com/watch?v=YvybLbW_D5Q

https://momtessorilife.com/2015/09/04/language-photo-cards-family/

https://www.youtube.com/watch?v=vmqen3cueuY

https://livingmontessorinow.com/learning-to-read-can-be-just-a-fun-game/

https://guidepostmontessori.com/blog/teaching-reading-writing-montessori

https://www.youtube.com/watch?v=Qq90WOn3xAY

https://www.everystarisdifferent.com/2016/01/learning-montessori-way-writing.html

https://blog.workman.com/2019/04/montessori-method-encourage-creativity-child/

https://thomaspark.co/2015/11/bob-ross-color-palette-in-css/

https://www.howwemontessori.com/how-we-montessori/crafts/

https://mymodernmet.com/pointillism-art-georges-seurat/

https://www.iheartnaptime.net/play-dough-recipe/

https://www.instructables.com/id/How-to-use-spaghetti-to-paint-like-Jackson-Pollock/

https://blog.hubspot.com/sales/self-discipline

http://ageofmontessori.org/teach-children-self-discipline-instead-obedience/

https://www.youtube.com/watch?v=SckUevGH-Pk

https://www.livingmontessori.com/positive-discipline-and-child-guidance/

https://www.youtube.com/watch?v=nt9ck98l8Uo

https://www.howwemontessori.com/how-we-montessori/2011/08/my-baby-is-teething.html

https://www.montessoridowntown.com/handle-a-clingy-toddler/

https://www.youtube.com/watch?v=iL_vvFAH8AY

https://www.themontessorinotebook.com/stop-tantrum-yes-read-right/

https://www.familyeducation.com/life/communicating-your-toddler/how-have-conversation-your-three-year-old

https://www.happiestbaby.com/blogs/toddler/teaching-patience-toddlers